ENATO ALEXANDRE MELLO DA SILVA
PAULO RICARDO DA SILVA TEIXEIRA
FABIANO DOS REIS SANTOS
ANDERSON ANDRADE
ABIO SOARES GOMES
AMBRO
ON DA C
JOÃO ALBERTO DA COSTA
ILHA
ROBERTO ALV
DOMAR DE SOUSA LEMOS
CLÁU
ILVA FERREIRA
MILSON SIMÕES DA SILVA
CARLOS VALMAR APARECIDO SANTIAGO
ERALDO SANTOS DA SILVA
FERNANDO BISPO SANTANA
EXANDRE LUIZ DE LIMA
JULIANA ALEXANDRE
PEDRO BISPO MENDES
DOUGLAS RAFAEL DA SILVA PEREIRA
EMERSON GODOI MACIEL
ADILSON UMBELINO CARVALHO
SILVA
ISDEBRANDI DOS REIS
JONATHA FARIAS DA SILVA
JEFFERSON MORGADO BRITTO
ALAN ANDRADE DE OLIVEIRA
OSÉ LIONALDO
AMARILDO DIAS DE SOUZA
OS SANTOS
ADEMIR DA SILVA LIMA
EZEQUIEL PETER PEREIRA CONCEIÇÃO
GILBERTO AP. CAETANO DE OLIVEIRA
GIOVANE MARTINS RODRIGUES
OLIVEIRA
NELSON BATISTA DOS SANTOS
JONAS DA SILVA
FELIPE MORRESQUE
GILSON DA COSTA SILVA
FABRICIO SOUZA GOMES
AILTON CARLOS DE SANTANA
ARCELO APARECIDO SPONCHIADO
CARLOS EDUARDO SILVA PINTO
ANDRÉ FERNANDES JÚNIOR
CECÍLIA MARIA DA SILVA
EIRA
ANDRÉ GOMES DE SOUZA JÚNIOR
DAVI DE OLIVEIRA
DANIELA DE SOUZA MENDES
LUIZ CARLOS GUIMARÃES
FERNANDO BIS
É EDUARDO DE SOUZA
EMERSON APARECIDO DE LIMA SILVA
UARDO DE JESUS FERREIRA
LEANDRO ARAÚJO DO
ANTONIO CARLOS DE ANDRADE
CARLOS MITSURU HORIKAWA
DOUGLAS FONTES MARTINS
JOSÉ EVERTON SILVA DE OLIVEIRA
CARLOS EDUARDO RODRIGUES
JORGE BASTO DA COSTA
EDSON AGOSTINHO DOS SANTOS
UARDO BRAZ DE SANTANA
EDILSON FERREIRA DE FREITAS
KLEBER BARROS DA SILVA
DA SILVA PEREIRA
AMARILDO

ANDERSON RODRIGUES DOS SANTOS

CLEBER DA SILVA RODRIGUES

ANDRÉ PEREIRA DA SILVA

ANDRÉ DOS REIS SILVA

A SILVA

RONALDO RIBEIRO DOS SANTOS

ALDO DOS SANTOS

ANA CAROLINA MIDORI AOKI

CARLOS EDUARDO ALMEIDA SANTOS

MARCOS RODRIGUES PINTO

EDUARDO DE JESUS FERREIRA

ANDRÉ HAMILTON G. SAN

LUIZ HENRIQUE BRAS COSTA

DANIEL AMADEU FOTI

ALLAN DOS SANTOS

RAFAEL DANTAS DA SILVA

AVELAR SOUSA DA SILLVA

DOUGL

ARILDO FERREIRA DA SILVA

JOÃO FRANCISCO FERNANDES

DAVIDSON RODRIGUES DE SOUZA

DANILO JUAN DE SOUZA FERREIRA

SIDNEI DE PAIVA ROSA

LSON DA COSTA SILVA

ELVIS ANTONIO

CLEBER AN

EVAGORAS BARBOSA ALBUQUERQUE

VILSON BASILIO DA SILVA

DOS SANTOS

IVAN JOSÉ SANTOS

DEIVID FURTADO DE ARAÚJO

SERGIO GUERRA SOARES DE FREITAS

PAULO JOSÉ DA SILVA

KARINA SHAILANA R. VIEIRA

WESLEY MÜLLER DE SOUZA

EDSON GONÇALVES SOUZA

CLÁUDIA DA SILVA FE

IO SILVA MENDES

ISAIAS LOPES VIANA JUNIOR

ALEX ANTONIO

VA

JOSÉ BATISTA BIBIANO DOS REIS

JOSÉ FELIZ RAMALHO

EDI CARLOS TORRES DA SILVA

JOÃO MARCOS FERNANDES CARNEIRO

NELSON PINTO

CLEBER ANTONIO CAVALCANTI DA SILVA

REGINALDO O. CAMPOS PEREIRA

ISRAEL FONTES RIBEIRO

EDSON FERREIRA LEANDRO

LEANDRO DOMINGOS DE SOUZA

JONAT

JOÃO CARLOS CARDOSO

RICARDO JOSÉ MARTINS LARA

ANA

JOSÉ ANTONIO PRADA MARTINEZ

AMARILDO DIA

JONATAS CARDOSO PITUBA

EDUARDO FLORIANO DA SILVA

OS

DENIS CAMARGO RIBEIRO

MILTON SILVESTRE TABORGA

GERALDO SOUTO DE MORAES

EZEQUIAS PAIVA PESSO

LOS LUIZ DA SILVA

LUIZ ROBERTO DE OLIVEIRA

TAMER RAMOS ORLANDO

LEANDRO ARAÚJO DOS SANTOS

ISRAEL CLAUDOMIRO SANTOS

ONATAS LOUGAS B. SANTOS

MESSIAS PONTES BARRETO

FRANCISCO CORREIA DE AMORIM FILHO

WILSON DE JESUS SANTOS

GILSON FURTADO DE ARAÚJC

CLÁUDIA DA SILVA FERREIRA

# BALA PERDIDA

# BALA PERDIDA

## A violência policial no Brasil e os desafios para sua superação

B. Kucinski • Christian I. L. Dunker • Débora Maria da Silva e Danilo Dara (Movimento Independente Mães de Maio) • Fernanda Mena • Guaracy Mingardi • Coronel Íbis Pereira • Jean Wyllys • João Alexandre Peschanski e Renato Moraes • Laura Capriglione • Luiz Baltar • Luiz Eduardo Soares • Marcelo Freixo • Maria Lucia Karam • Maria Rita Kehl • Rafa Campos • Stephen Graham • Tales Ab'Sáber • Vera Malaguti Batista • Viviane Cubas, Ariadne Natal e Frederico Castelo Branco (NEV-USP)

Copyright desta edição © Boitempo Editorial, 2015

**Equipe de realização**
Ana Yumi Kajiki, Artur Renzo, Gabriel Catapano, Isabella Marcatti, Ivana Jinkings, Kim Doria, Livia Campos, Natasha Weissenborn, Thais Rimkus e Thaisa Burani

**Equipe de apoio**
Allan Jones, Bibiana Leme, Elaine Ramos, Fernanda Fantinel, Francisco dos Santos, Ivam Oliveira, Marlene Baptista, Maurício Barbosa, Renato Soares e Thaís Barros

Nas páginas que abrem e que encerram este volume, homenagem a vítimas da violência policial.

CIP-BRASIL. CATALOGAÇÃO-NA-FONTE
SINDICATO NACIONAL DOS EDITORES DE LIVROS, RJ

B144

Bala perdida : a violência policial no Brasil e os desafios para sua superação / Bernardo Kucinski [et al.]. - 1. ed. - São Paulo : Boitempo, 2015.
   il. (Tinta vermelha)

   ISBN 978-85-7559-441-4

   1. Violência - Aspectos sociais. 2. Violência - Aspectos sociais - Brasil. 3. Segurança pública - Brasil. 4. Controle social. I. Kucinski, Bernardo. II. Série.

15-22286

CDD: 303.62
CDU: 316.485.2

É vedada a reprodução de qualquer parte deste livro sem a expressa autorização da editora.

Este livro atende às normas do acordo ortográfico em vigor desde janeiro de 2009.

1ª edição: junho de 2015

BOITEMPO EDITORIAL
Jinkings Editores Associados Ltda.
Rua Pereira Leite, 373
05442-000 São Paulo SP
Tel./fax: (11) 3875-7285 / 3875-7250
editor@boitempoeditorial.com.br
boitempoeditorial.com.br
blogdaboitempo.com.br
FACEBOOK boitempo
TWITTER editoraboitempo
YOUTUBE imprensaboitempo

CARTA MAIOR
Promoções, Publicações e
Produções Ltda.
Av. Paulista, 726, 15º andar
Tel.: (11) 3142-8837
cartamaior.com.br
Diretor geral
*Joaquim Ernesto Palhares*
FACEBOOK cartamaior
TWITTER cartamaior
YOUTUBE tvcartamaior

# Sumário

Nota da editora.................................................................9

Prólogo – Polícia e direitos humanos, *Marcelo Freixo* .................. 11

Apresentação, *Guaracy Mingardi*..................................... 13

Um modelo violento e ineficaz de polícia, *Fernanda Mena*.................. 19

Por que tem sido tão difícil mudar as polícias?, *Luiz Eduardo Soares* .........27

Violência, militarização e 'guerra às drogas', *Maria Lucia Karam* ...............33

Os lírios não nascem da lei, *Coronel Íbis Pereira*.............................39

A violência como nome para o mal-estar, *Christian I. L. Dunker*.................45

Formas de temer, formas de reprimir: as relações entre a violência policial e suas representações nas mídias, *Jean Wyllys*.................................51

Os mecanismos midiáticos que livram a cara dos crimes das polícias militares no Brasil, *Laura Capriglione*.........................................55

As lógicas do extermínio, *João Alexandre Peschanski e Renato Moraes* ........ 61

O bumerangue de Foucault: o novo urbanismo militar, *Stephen Graham* ................................................................67

Duas chacinas em São Paulo – a mesma polícia, o mesmo governo, *Maria Rita Kehl*.................................................................75

Mães e familiares de vítimas do Estado: a luta autônoma de quem sente na pele a violência policial, *Débora Maria da Silva e Danilo Dara* .............83

Estado de polícia, *Vera Malaguti Batista* .....................................91

Ordem e violência no Brasil, *Tales Ab'Sáber*.................................97

Violência policial: abordagens da literatura, *Viviane Cubas, Ariadne Natal e Frederico Castelo Branco* ..................................... 103

A história de Tadeu, *B. Kucinski* ........................................... 111

Indicações de leitura ....................................................... 117

Sobre os autores ........................................................... 121

Para superar a criminalidade violenta e da polícia, lembremo-nos dos ensinamentos de Thomas More, em *Utopia*, em 1516, ao refletir que a pena de morte não havia contribuído para diminuir assaltos, roubos e assassinatos: "Em vez de infligir esses castigos horríveis, seria muito melhor prover a todos algum meio de sobrevivência, de tal maneira que ninguém estaria se submetendo à terrível necessidade de se tornar primeiro um ladrão e depois um cadáver". É preciso pôr em prática: Educação e Renda Básica de Cidadania.

Eduardo Matarazzo Suplicy

# Nota da editora

Idealizada e organizada coletivamente, esta obra lança olhares multi-facetados sobre a violência policial no Brasil e os desafios para sua superação.

A partir de uma pauta elaborada pelas equipes da Boitempo e da Carta Maior, encomendou-se a maioria dos textos diretamente aos autores, que, para tornar o livro mais acessível, abriram mão de receber remuneração pela publicação de seus artigos. A tira que ilustra a abertura dos textos, feita especialmente para esta edição, é de Rafa Campos. O ensaio fotográfico é de Luiz Baltar, assim como a imagem da quarta capa. Já a foto da capa é de Sergio Romagnolo. A todos esses colaboradores, nosso caloroso agradecimento. A parceria com a Carta Maior é essencial para que esta obra possa alcançar o maior número de pessoas, estimulando, quem sabe, seu olhar crítico e o desejo de lutar efetivamente pelos direitos do cidadão.

Antecedido por *Occupy: movimentos de protesto que tomaram as ruas* (2012), *Cidades rebeldes: Passe Livre e as manifestações que tomaram as ruas do Brasil* (2013) e *Brasil em jogo: o que fica da Copa e das Olimpíadas?* (2104), este *Bala perdida: a violência policial no Brasil e os desafios para sua superação* é o quarto volume da coleção Tinta Vermelha, que reúne obras de intervenção e teorização sobre acontecimentos atuais. O título da coleção é uma referência ao

# 10 | Bala perdida

discurso de Slavoj Žižek aos manifestantes do Occupy Wall Street, na Liberty Plaza (Nova York), em 9 de outubro de 2011. O filósofo esloveno usou a metáfora da "tinta vermelha" para expressar a encruzilhada ideológica do século XXI: "Temos toda a liberdade que desejamos – a única coisa que falta é a 'tinta vermelha': nos 'sentimos livres' porque somos desprovidos da linguagem para articular nossa falta de liberdade". A íntegra do discurso está disponível em: <http://blogdaboitempo.com.br/2011/10/11/a-tinta-vermelhadiscurso-de-slavoj-zizek-aos-manifestantes-do-movimento-occupy-wall-street/>.

Com a colaboração dos autores deste livro e de outros que fazem parte do catálogo da editora, alimentaremos a reflexão e ampliaremos o debate aqui proposto no Blog da Boitempo, em um dossiê disponível em: <http://blogda-boitempo.com.br/dossies-tematicos/violencia-policial/>.

# Prólogo
## Polícia e direitos humanos
### Marcelo Freixo

O principal desafio para os defensores dos direitos humanos e para quem sonha com políticas de segurança pública baseadas na promoção da cidadania é superar a oposição entre polícia e direitos humanos. Esse é o pano de fundo de dramas cotidianos provocados pela política de guerra às drogas, da qual não há vencedores. A tragédia carioca e brasileira é ver homens de preto, quase todos pretos, matando homens pretos.

A garantia de direitos e a proteção dos cidadãos precisam ser funções primordiais de qualquer política de segurança, e os policiais devem ser formados sob esses princípios. Nesse sentido, é essencial que nos questionemos sobre qual modelo de policiamento desejamos. Queremos uma polícia exclusivamente civil, voltada para a preservação da vida, e não preparada para a guerra e a eliminação do inimigo, que é o cidadão a quem deveria proteger.

Desmilitarizar a PM é urgente para superarmos o paradoxo de termos em nossa democracia uma polícia concebida à semelhança das forças de repressão do regime militar. A iniciativa é um passo importante para que os trabalhadores da segurança convivam internamente com a democracia, recebam treinamento adequado e sejam valorizados.

# Apresentação
## Guaracy Mingardi

Há mais de cem anos, o sociólogo alemão Max Weber criou um conceito que ainda é usado, principalmente na ciência política e no direito. Segundo ele, o Estado é o agrupamento humano que "reivindica de forma bem-sucedida o monopólio da violência física legítima"[1]. Se utilizarmos essa formulação, podemos concluir que existem, na prática, dois órgãos que têm legitimidade para usar o que o autor chamou de violência legítima: as Forças Armadas, quando se trata de um conflito com outro país, ou a polícia, para manutenção da lei dentro das fronteiras. Nas ciências humanas, porém, não basta aceitar uma teoria, temos de tentar transpô-la para o cotidiano.

E aí mora o perigo, pois, muitas vezes, é complexo utilizar um conceito abstrato. Na hora de empregar a teoria para compreender a prática, temos de tomar cuidado para não simplificar demais. No caso em pauta, a maior dificuldade está em definir o que é legítimo, até onde uma polícia pode ir sem infringir a lei e os costumes. Lembrando que muitos grupos sociais acham legítima toda e qualquer ação policial, inclusive aquelas que a lei condena.

---

[1] Max Weber, *Ciência e Política, duas vocações* (São Paulo, Cultrix, s/d), p. 56.

14 | Bala perdida

Mesmo sem uma definição acabada, basta ler qualquer jornal para constatar que no Brasil muitas vezes alguns policiais têm ultrapassado os limites da legitimidade. Existem casos que são repudiados por praticamente todos aqueles que conhecem os detalhes. Quando as forças policiais matam um indivíduo de classe média ou uma criança, direita e esquerda se unem para descer a lenha.

Tanto aqui como na maioria dos países existem dois motivos básicos para justificar, *interna corporis*, a violência policial. O primeiro é que muitas vezes a lei é dúbia, deixa margem para interpretação. Em casos assim, os policiais agem de acordo com regras próprias, por vezes infringindo o espírito das leis. O segundo é que alguns policiais extrapolam a lei, atuando de forma ilegal, espancando, torturando ou mesmo executando criminosos ou supostos criminosos. Frequentemente com apoio de algum segmento social.

Este livro pretende discutir o assunto, não criando uma nova teoria, pronta e acabada, mas, sim, trazendo à luz um debate antigo e ainda não resolvido. Cada capítulo apresenta um enfoque ligeiramente diferente. Aqui estão retratadas várias visões sobre a violência policial. Creio que poucos leitores concordarão com todas, mas cada uma delas encontrará seus adeptos. E o motivo dessa pluralidade é que ainda não temos, e talvez nunca tenhamos, uma abordagem pronta e acabada do tema. Portanto, cada capítulo foi escrito por um ou mais autores distintos. Apesar dessa pluralidade, uma leitura do conjunto permite identificar pelo menos algumas formas de tratar o problema.

Alguns textos discorrem brevemente sobre uma questão básica, indagando o que é violência policial. Nenhum deles, porém, limita-se a isso; quase todos vão além. A maioria tenta buscar as causas desse comportamento, seja na sociologia, seja na história ou na psicologia. Esses autores procuram entender por que as mortes de "suspeitos" ocorrem. Além disso, mostram como o Estado e parte da sociedade brasileira compactuam com as mortes e a violência em geral. Para isso os autores discutem a visão hegemônica do crime e da violência, que estigmatiza grupos sociais e provoca repressão policial extralegal na periferia ou nas favelas das grandes cidades.

Outro grupo de autores tenta descrever como essas ações ilegais ou ilegítimas ocorrem, mesclando três tipos de abordagem: o relato de casos emblemáticos; a análise das vítimas preferenciais da violência policial; e a contagem de corpos, ou seja, quantos morreram pelas mãos da polícia e quem eram eles. Para quem desconhece o tema e não acompanha a discussão, esses capítulos são os mais proveitosos, pois permitem, por meio de uma aproximação empírica, entender o que ocorre – o que é essencial antes de analisar as causas da violência.

A maioria dos textos também discute o que fazer para alterar esse quadro, através da mudança das leis e/ou dos procedimentos e dos costumes policiais. Vale frisar que apenas um artigo está voltado especificamente para a descrição de saídas do imbróglio. O que demonstra que, apesar de termos percepção do problema, ainda não vislumbramos uma solução consensual.

Uma abordagem interessante, subjacente a alguns textos, é a noção de que a violência policial não é uma exclusividade brasileira, ela ocorre também em outros países. O que muda é o grau dessa violência e, algumas vezes, o motivo. Aliás, é importante buscar nas entrelinhas o que é específico do Brasil e o que é uma regra geral, que ocorre também nos Estados Unidos, na França, na Argentina, no Paquistão etc.

Dois artigos foram assinados por instituições, portanto não expressam o ponto de vista individual, mas, sim, de uma coletividade. Um deles foi redigido por pesquisadores do Núcleo de Estudos da Violência da Universidade de São Paulo (NEV-USP), o primeiro centro acadêmico a se dedicar especificamente a estudar crime e polícia em nosso país. No texto, os pesquisadores mostram as diferentes explicações sobre a violência policial produzidas no Brasil e no exterior pela academia.

A outra instituição é o Movimento Independente Mães de Maio, um coletivo formado após maio de 2006 em São Paulo, ou seja, depois do que se convencionou chamar de guerra contra o PCC (Primeiro Comando da Capital). Que foi um período negro, em que morreram inúmeros policiais, e a polícia paulista matou centenas de pessoas, tudo em apenas algumas semanas. Como não podia deixar de ser, esse texto difere dos demais. Afinal foi elaborado por uma ONG fundada na militância; assim, é mais do que uma análise dos fatos, traz também a perspectiva de um ator social.

Não que os outros capítulos tenham sido elaborados por autores frios e distantes, que apenas estudam a questão sem se envolver. A maioria tem alguma militância em questões ligadas aos direitos humanos ou à segurança pública. Mesmo o artigo escrito por um coronel da Polícia Militar do Rio de Janeiro vai nessa linha. Ele concorda que existem excessos por parte da instituição, mas apresenta uma visão um pouco diferente dos outros autores sobre os motivos. Outro texto que foge do padrão é um conto, na verdade uma fábula, que narra a vida e a morte de uma das vítimas. E essa mescla é interessante porque, para algumas pessoas, segurança e direitos humanos são conceitos excludentes, quem defende um é automaticamente contra o outro.

Esse ponto de vista, que perpassa grupos de todos os matizes – da extrema direita à esquerda mais radical –, peca por não entender o que é segurança pública. Em uma sociedade democrática, ela é pensada como um instrumento necessário para proteger todas as pessoas (os seres humanos, ora pois!), seus bens e seus direitos.

Uma conclusão quase unânime dos autores é que um dos insumos da violência é mesmo a ausência de democracia real. Afinal, o sistema democrático no Brasil é uma conquista recente. Talvez por conta disso tenhamos mais problemas com os órgãos de segurança do que países onde esse sistema existe há mais tempo e onde a participação democrática vai além do direito ao voto. Como dizia um ex-chefe da Polícia Civil carioca, o delegado Hélio Luz, os policiais brasileiros tinham uma visão de capitão do mato, o caçador de escravos do Império. Mesmo após a Abolição, durante a maior parte do século passado, as classes dominantes contavam com a polícia para proteger seus privilégios, reprimindo as manifestações e os resmungos dos despossuídos. Só nas últimas décadas é que as instituições policiais começaram a direcionar seus esforços para atuar como protetores do cidadão e da cidadania. Como consequência do longo período em que foram usados como guarda pretoriana, ainda hoje uma das características da polícia é o distanciamento da sociedade.

É verdade que isso ocorre em vários países, não apenas no Brasil. Em outros, porém, a inserção social das forças de segurança é maior. É bom lembrar que até a década de 1980 os praças da Polícia Militar nem tinham direito ao voto. Como criar uma polícia comunitária e cidadã com policiais sem cidadania?

Para que a polícia não se sinta excluída, e também não exclua, é necessário um sentimento de igualdade que não é comum em nosso país. Apesar do aumento da democracia formal, o Brasil ainda tem setores da Polícia Militar que dizem que "paisano é bom, mas tem muito", mostrando uma clara separação entre eles e o resto dos cidadãos. Por outro lado, encontramos inúmeros jovens da periferia que enxergam a polícia apenas como uma tropa de ocupação, com a qual não devem se relacionar.

Mesmo nos países onde tem maior aceitação, nem sempre a polícia é bem-vista, universalmente aceita. Isso é utopia. Afinal, trata-se da parte mais visível do aparelho repressivo do Estado. Um personagem do autor cubano Leonardo Padura resumiu bem o problema, dizendo que: "Eu sou policial, não distribuo comida, recolho a merda"[2].

Suponho que com isso ele queria dizer que seu trabalho é reprimir, não agradar. E quando se reprime algum comportamento, por mais ilegal,

---

[2]  Leonardo Padura, *A neblina do passado* (São Paulo, Benvirá, 2012), p. 120.

ilegítimo ou impopular que seja, alguém vai ficar descontente. E vivemos num mundo cada vez mais cheio de leis, regras que dizem o que cada um pode ou não fazer, portanto, com grande número de descontentes. Ou seja, dependendo do momento, a polícia será xingada e detestada por muitos. Nossa questão é fazer com que esse descontentamento não seja universal e ocorra pelos motivos certos.

Já que este é um livro para refletir, não doutrinar, aconselho o leitor a analisar com atenção todos os artigos antes de formar opinião, pois assim seguirá o raciocínio de Aristóteles, que escreveu há mais de 2 mil anos que "o ignorante afirma, o sábio duvida e o sensato reflete".

# Um modelo violento e ineficaz de polícia*
## Fernanda Mena

Os meninos se puseram a chorar mal foram trancados na caçamba do carro de polícia. "A gente nem começou a bater em vocês, e já tão chorando?", gritou um policial para os adolescentes negros capturados como suspeitos de praticar furtos na região central do Rio. O camburão subia as curvas da floresta da Tijuca, na capital fluminense. Para os garotos, aquele desvio de percurso, da delegacia para a mata, seria um passeio fúnebre, registrado por câmeras instaladas no veículo – determinação de lei estadual de 2009, criada para vigiar os vigilantes. Em uma parada no morro do Sumaré, contudo, a gravação é interrompida. Dez minutos depois, câmeras religadas, as imagens mostram os oficiais sozinhos no carro, descendo as mesmas curvas. "Menos dois", diz um deles ao parceiro. "Se a gente fizer isso toda semana, dá pra ir diminuindo. A gente bate meta, né?", completa. Dias depois, o corpo de Matheus Alves dos Santos, de 14 anos, foi encontrado no local graças a

---

\* Este texto é uma versão reduzida do artigo "O fracasso de um modelo violento e ineficaz de polícia", originalmente publicado no caderno *Ilustríssima*, *Folha de S.Paulo*, 8 fev. 2015. (N. E.)

informações de M., de 15 anos, que levou dois tiros, mas sobreviveu porque conseguiu se fingir de morto mesmo ao ser chutado por um dos policiais.

Só em 2013, 2.212 pessoas foram mortas pelas polícias brasileiras, segundo o Anuário Brasileiro de Segurança Pública. Isso quer dizer que ao menos seis foram mortas por dia, ou um a cada 100 mil brasileiros ao longo do ano. No mesmo período, a polícia norte-americana matou 461 pessoas. Já as corporações do Reino Unido e do Japão não mataram ninguém.

No Brasil, como se sabe, não há pena de morte. O marco jurídico, porém, parece não coibir ações como a dos cabos do morro do Sumaré: a naturalidade com que desaparecem com os dois adolescentes na mata deixa claro que o procedimento não era excepcional. A falta de pudor com que comentam a ação diante da câmera levanta outra hipótese perversa: a de que contavam com a impunidade.

Para Renato Sérgio de Lima – professor da FGV-SP e um dos fundadores do Fórum Brasileiro de Segurança Pública, que produz o anuário estatístico –, esses não são casos de desvio individual de conduta policial. "Trata-se de um padrão institucional. É uma escolha encarar o crime como forma de enfrentamento."

Para o coronel José Vicente da Silva, da reserva da Polícia Militar de São Paulo, o número de mortos por policiais não pode ser visto isoladamente. "Aqui temos seis vezes mais homicídios do que nos EUA. E nossos policiais morrem mais que os de qualquer outro lugar do mundo", protesta. Nessa dinâmica, em 2013, 490 policiais civis e militares foram mortos em serviço ou durante folgas.

Os números de ambos os lados se inscrevem num contexto aterrador: o Brasil é um campeão mundial de homicídios. Em 2013, 54.269 pessoas foram assassinadas no país. O número corresponde a um estádio do Itaquerão lotado, como no jogo de abertura da Copa do Mundo, só que de cadáveres. Trata-se de uma taxa de 26,9 mortes por 100 mil habitantes. A Organização Mundial da Saúde (OMS) considera epidêmica, ou fora de controle, a violência que faz mais de dez vítimas por 100 mil habitantes.

Somam-se aos números estatísticas que ilustram a relação negativa dos brasileiros com suas polícias: 70% da população do país não confia na instituição, e 63% se declaram insatisfeitos com sua atuação. O medo diante da polícia também é registrado em cifras: um terço da população teme sofrer violência policial, e índice semelhante receia ser vítima de extorsão pela polícia.

"A polícia tem vícios e defeitos inegáveis", afirma José Mariano Beltrame, secretário de Segurança Pública do Rio de Janeiro desde 2007. "Existe um reducionismo no conceito de segurança pública, que hoje é sinônimo de polícia, quando deveria englobar controle de fronteiras, Ministério Público, Tribunal de Justiça e sistema carcerário", afirma.

As polícias, de fato, não se encontram sós nesse quadro de violência, em cujo verso estão os baixos salários, o treinamento deficiente, a falta de equipamentos e o duro enfrentamento de criminosos cada vez mais organizados e armados, que não vacilam em atirar, na certeza de que, ao escaparem vivos de um cerco, dificilmente serão pegos por uma investigação. O embrutecimento dessa polícia é também o da sociedade brasileira, um país em que se banalizaram o assassinato, o racismo, o desrespeito às leis e a corrupção. O episódio do morro do Sumaré é emblemático porque, ainda que a ação tenha chocado parte dos telespectadores do Fantástico, que revelou o caso numa noite de domingo de julho de 2014, na segunda-feira seguinte a Secretaria de Segurança Pública do Rio de Janeiro já havia sido inundada por e-mails de apoio à ação criminosa dos policiais.

Em 2014, segurança pública era a segunda maior preocupação dos brasileiros, e seus custos sociais eram estimados em 5,4% do PIB (Produto Interno Bruto) ou 258 bilhões de reais. Para o antropólogo Luiz Eduardo Soares, ex-secretário nacional de Segurança Pública (2003) do primeiro governo Lula, o Brasil está estático nessa área. "Os partidos que pretendem representar as classes populares são incapazes de reconhecer a prioridade desse tema que, por outro lado, é absolutamente central no cotidiano das massas, para as quais essa é questão de vida ou morte, de chegar ou não vivo em casa", avalia.

O artigo 144 da Constituição de 1988 dispõe, genericamente, sobre as atribuições das instituições responsáveis por prover a segurança pública no país. A Carta herdou um sistema bipartido, com duas polícias, uma militar e outra judiciária ou civil, cada uma executando uma parte do trabalho. Um quarto de século depois, o artigo ainda aguarda regulamentação.

"Os constituintes, por temor ou convicção, não mudaram uma vírgula da estrutura da segurança pública herdada do regime militar", explica o sociólogo Paulo Sérgio Pinheiro, cofundador do Núcleo de Estudos da Violência da Universidade de São Paulo (NEV-USP), que, durante o trabalho da Comissão Nacional da Verdade (CNV), contou 434 mortos e desaparecidos nas mãos de agentes da ditadura.

"Nos Estados Unidos, a coisa começou a mudar quando os governos passaram a perder processos e a pagar boas indenizações para vítimas de violência policial. Pegou no bolso", conta Julita Lemgruber, coordenadora do Centro de Estudos de Segurança e Cidadania da Universidade Candido Mendes.

Com esse arranjo institucional, a União tem pouca responsabilidade nos rumos da segurança pública, municípios se limitam a criar guardas civis, enquanto cabe aos Estados o desenho das políticas e o controle das polícias. Foi nesse contexto que emergiram duas correntes conflitantes entre os que pensam perspectivas para a segurança pública e para as polícias.

A primeira corrente prega reformas que envolvam mudanças de arquitetura do sistema legal e das instituições. Nesse vetor, inscrevem-se as propostas de desmilitarização e de unificação das polícias militar e civil em uma nova corporação, sem sobrenome. A proposta mais completa nessa linha está na PEC 51, desenhada pelo antropólogo Luiz Eduardo Soares. Ela inclui o fim do vínculo e do espelhamento organizacional entre PM e Exército e cria o ciclo completo, quando uma só polícia faz o trabalho preventivo, ostensivo e investigativo.

Há variações no entendimento sobre o que é desmilitarizar as polícias, mas todas compreendem a mudança do regime disciplinar, que permite prisão administrativa para questões ligadas à hierarquia, à vestimenta e à administração, além da extinção das instâncias estaduais da Justiça Militar, que julga policiais em crimes graves, como o homicídio de um PM por outro.

Segundo a pesquisa "Opinião dos policiais brasileiros sobre reformas e modernização das polícias", da Fundação Getulio Vargas (FGV), quase 64% dos policiais defendem o fim da Justiça Militar, 74% apoiam a desvinculação do Exército e quase 94% querem a modernização dos regimentos e dos códigos disciplinares. Essas vozes interessadas, porém, estão sub-representadas no debate.

"A desmilitarização é importante, mas não é uma panaceia e ainda depende de pressão popular, porque o Congresso funciona por inércia e tem muita representação de setores que são contrários a isso", diz o sociólogo Ignácio Cano, coordenador do Laboratório de Análise da Violência da Universidade Estadual do Rio de Janeiro.

O surgimento da "bancada da bala", formada por parlamentares que pregam medidas como redução da maioridade penal, recrudescimento das penas e até pena de morte, promete barrar o andamento de mudanças estruturais.

A segunda corrente de pensamento sobre segurança pública e polícia é a das reformas gerenciais, que se propõem a incrementar a eficiência dos processos valendo-se de choques de gestão. Nessa linha entram o aumento de recursos e de pessoal, a valorização das carreiras, a melhoria da formação, a maior participação da sociedade civil nas políticas de segurança pública e a integração do trabalho das duas polícias. São alterações nos procedimentos e nas regras de conduta e ação policial feitas sem mudança do marco institucional atual.

Entre esses extremos, no entanto, há uma terceira via. "Essas propostas não são excludentes. É possível avançar em reformas normativas que garantam a continuidade de determinadas políticas e implementar reformas gerenciais para dar mais eficiência às polícias", avalia Renato Sérgio de Lima, do Fórum Brasileiro de Segurança Pública.

Comum às duas pontas do debate é o imperativo de que as polícias trabalhem juntas, seja unificando-as em uma nova corporação, seja com processos graduais de integração – medida com a qual 75% dos policiais civis e militares concordam.

"Ter duas polícias é um acidente histórico. Desenvolvemos essa duplicidade institucional, criando ineficiência. Uma só polícia seria mais racional e econômica em pelo menos 20%", estima o coronel José Vicente da Silva. Com 52 anos de serviço, ele viveu em 1970 a fusão, imposta pela ditadura, da Força Pública, então com 25 mil homens, com a Guarda Civil, que tinha 9 mil membros – daí nasceu a atual PM.

Os exemplos de ineficiência na divisão do trabalho policial são cristalinos. Enquanto a Polícia Militar atua na prevenção e no patrulhamento, a Polícia Civil ou Judiciária investiga, tudo com troca de informações mínima. A simples criação de bancos de dados conjuntos revelou-se uma epopeia.

"As polícias se detestam no Brasil inteiro", avalia o especialista em segurança pública Guaracy Mingardi. A PM é a primeira a chegar ao local do crime e é quem o resguarda para a Polícia Civil e a perícia. "Mas, quando elas chegam, não conversam com a PM porque acham que não tem nada a ver. Então muito PM não preserva direito o local dos crimes, já que é uma atividade desvalorizada", explica ele, que trabalhou por dois anos na Polícia Civil em São Paulo, coletando dados para seu mestrado.

Em 2010, foi inaugurada a Academia Estadual de Segurança Pública do Ceará. Celebrada como uma experiência exitosa, ela aposta na integração entre policiais civis e militares logo na formação para que aprendam, desde os primeiros treinamentos, a trabalhar juntos.

Nas polícias da maioria dos Estados verificam-se diferenças salariais entre as carreiras, o que alimenta ainda mais as rivalidades. Pior, cada corporação é fraturada internamente. As carreiras civil e militar têm duas entradas, numa espécie de sistema de castas, em que *status* e salários são diferentes entre si e entre os Estados. Na Polícia Militar, ingressa-se como soldado ou tenente. Mas o soldado nunca chegará a ser tenente por progressão ou mérito. Enquanto um soldado gaúcho pode ganhar apenas 1.375,71 reais, o salário de um coronel, topo da carreira iniciada como tenente, pode ser de até 21.531,36 reais no Paraná. Na Polícia Civil, o concurso é para investigador ou delegado, e o melhor investigador do país jamais se tornará delegado, a não ser que preste novo concurso, para o qual é necessário ser bacharel em direito. O soldo de investigador varia de 1.863,51 reais, no Rio Grande do Sul, a 7.514,33 reais, no Distrito Federal. Já um delegado pode ganhar 8.252,59 reais em São Paulo, o salário mais baixo da categoria no país, ou 22.339,75 reais no Amazonas.

Segundo a pesquisa da FGV, 95% dos policiais afirmam que a falta de integração entre as diferentes polícias torna o trabalho menos eficiente, 99,1% avaliam que os baixos salários são causa desse problema e 93,6% apontam a corrupção como causa do mau serviço prestado à sociedade. Outro problema quase unânime nas corporações, segundo a avaliação dos próprios policiais, é a formação deficiente (98,2%).

Em 2007, Pernambuco criou um programa de redução de homicídios que previa metas, premiações e trabalho conjunto das várias instâncias da segurança pública. No Pacto pela Vida, elaborado pelo sociólogo José Luiz Ratton, o então governador Eduardo Campos (1965-2014) passou a coordenar pessoalmente reuniões entre as duas corporações, o Ministério Público, a Defensoria Pública, o Tribunal de Justiça e secretarias de Desenvolvimento Social e Direitos Humanos, entre outras, no combate aos homicídios que sangravam o Estado – então um dos campeões em mortes violentas do Nordeste. Desde o pacto, as mortes por agressão no Estado caíram 39%, e o índice de elucidação dos crimes contra a vida subiu para mais de 60% – a média brasileira é de míseros 8%. No Reino Unido, 90% dos homicídios são esclarecidos; na França, 80%; nos EUA, 65%.

O índice brasileiro é quase todo fruto de prisões em flagrante, não de investigações – cujo resultado pífio é produto não só do caldo de rivalidades, corrupção e má formação das polícias, mas também de uma fraca participação do Ministério Público, que falha tanto na função de controle externo da atividade policial como na cobrança por diligências específicas. Na prática, pouco tem feito para cobrar ação da polícia, limitando-se a concordar com a extensão dos prazos regulamentares sem exigir qualidade na investigação. Trata-se de um sistema que, além de pouco eficiente, favorece a famigerada lentidão da Justiça brasileira.

"A falência da investigação é endêmica. Como as polícias são sobrecarregadas, são seletivas, e essa seletividade abre espaço para critérios discricionários e para a corrupção", explica Ignácio Cano. "Além disso, a polícia ostensiva sempre recebeu preferência em relação à polícia de investigação. As PMs têm um contingente sempre maior que o da Polícia Civil."

No Brasil, há prevalência do flagrante sobre a investigação, o que gera uma distorção. Luiz Eduardo Soares explica que "os crimes passíveis de flagrante são aqueles que acontecem nas ruas, portanto, sob um filtro social, territorial e racial". A polícia de São Paulo fez 15 milhões de abordagens em 2013 (mais de um terço da população do Estado, estimada em 44 milhões em 2014). Segundo a pesquisadora Tânia Pinc, major da PM paulista, que já comandou a Força Tática, "em Nova York, a polícia aborda 2,3% da população da cidade ao ano". Para ela, as abordagens são uma prática rotineira banalizada – enquanto os policiais do Estado de São Paulo fazem cem abordagens para cada prisão, a polícia de Nova York faz doze. "Abordagem conta como indicador de desempenho policial, e tanto a polícia como o governo usam esses números para dizer que estão trabalhando."

Premiar desempenho é o tipo de política que tem de ser feita com cautela e critérios bem pensados. O maior absurdo nessa área foi apelidado de "gratificação faroeste". Criada em 1995 no Rio de Janeiro, premiava policiais por "atos de bravura", o que incluía envolvimento em casos nos quais a ação policial terminava com o corpo do suspeito sem vida no chão. A partir do prêmio, o número de óbitos pelas polícias fluminenses, em casos registrados como resistência à prisão seguida de morte, aumentou até atingir, em 2007, o pico de 1.330 mortos. Desde então, esse número vem caindo, apesar de ter subido, simultaneamente, o registro de homicídios a esclarecer no Estado.

A maior parte dos casos de mortes envolvendo policiais é arquivada ao chegar ao Ministério Público, que muitas vezes acata procedimentos de exceção como quebra de sigilo e invasão de domicílio. Em uma pesquisa na qual avaliou trezentos processos de óbito por intervenção policial, o delegado Orlando Zaccone identificou que 99% desses autos foram arquivados pelo MP em menos de três anos. "O Judiciário tem de ser mais rigoroso com essas mortes, porque hoje participa delas", diz. Segundo ele, a condição de vida de quem morreu, o local onde se deram os fatos ou a existência ou não de antecedentes criminais já são suficientes para que o Ministério Público identifique a morte como legítima e arquive o caso. "Como vamos reformar as polícias, se a ideia de que o criminoso é matável não é só dela, mas do promotor, do jornalista e da sociedade como um todo?", avalia. De acordo com pesquisa realizada pelo Ministério da Justiça em 2009, 44% dos brasileiros concordam com a máxima que diz que "bandido bom é bandido morto".

A peculiaridade do trabalho policial, que pede resoluções imediatas para situações complexas e imprevisíveis, contribui para desvios de conduta e uso excessivo de armas de fogo, pondo em perigo tanto policial como suspeito. Quando começou a pesquisar abordagem policial, a major Tânia Pinc identificou problemas no treinamento. Havia protocolos e métodos, mas não eram seguidos. Propôs, então, um supertreinamento para uma equipe e comparou seu trabalho com o de outra. "Descobri que a premissa de que treinamento resolve está furada", revela. Ela classificou os oficiais em diferentes padrões, quanto ao quesito letalidade. Vão do primeiro, que só age dentro da legalidade, ao quarto, o de policiais que matam intencionalmente. "São pessoas doentes, transtornadas, que, se não têm oportunidade para matar, criam. Esses têm que sair", diz. No meio estão os que devem ser objeto de programas que combinem treinamento com estratégias de supervisão, monitoramento por câmeras e premiação de boas práticas.

"Ainda que consideravelmente melhorada, a polícia não goza de grande prestígio junto à população, sem dúvida por causa da lembrança de antigos abusos. É aliás difícil conseguir que os policiais façam uma distinção perfeita entre a razão e o erro, e sobretudo lhes fazem falta o tato e a amenidade no trato." O diagnóstico foi registrado em 1912 pelo viajante francês Paul Walle. Mais de cem anos depois, ele permanece atual.

## Por que tem sido tão difícil mudar as polícias?[1][*]

Luiz Eduardo Soares

A morte de um jovem negro e pobre numa periferia brasileira: mais um traço no catálogo da violência policial. Os dados quantificam a tragédia e a diluem. Sem consolo, as famílias fazem o luto ou desabam na melancolia. Como extrair do sofrimento extremo, que despotencializa e desnorteia, propostas objetivas de transformação do modelo policial? Impossível e até aviltante para quem chora perdas irreparáveis. Todavia, nada impede que propostas viáveis e negociadas entre movimentos populares venham a sensibilizar as comunidades que compartilham a dor e a conquistar a adesão dos que, no cotidiano, testemunham a barbárie promovida pelo braço armado do Estado. Converter a perda em ação comum repara o trauma e restaura a potência, dissolvendo o ressentimento em desejo de vida e vontade de mudança. A solução para o trauma não é a vingança nem o mimetismo do violador, mas o reestabelecimento da confiança no laço social, o engajamento nas coisas da cidade, a

---

[1] Agradeço a Miriam Guindani pela leitura crítica e pelas sugestões, aqui incorporadas.

[*] Esta é uma versão reduzida do artigo original. A íntegra do texto está publicada em *Margem Esquerda*, São Paulo, Boitempo, n. 24, jun. 2015, p. 69-83, e no *ebook* deste volume. (N. E.)

28 | Bala perdida

corresponsabilização pela esfera pública. É de lamentar que seja ainda episódico o envolvimento da maior parte dos movimentos e das entidades politizadas com a pauta do sofrimento causado pela insegurança pública – não só por ações policiais, mas também por dinâmicas criminais específicas – e que seja tão tímido e rarefeito o interesse pela questão policial.

Nesse quadro sombrio, marcham nossas polícias militares, e também as civis, reproduzindo inercialmente suas velhas práticas, em geral ineficientes, além de muitas vezes brutais, sem dar sinais de crise terminal. Pelo menos, sinais ostensivos e públicos, porque os internos se acumulam e agravam. As maiorias, compostas por praças e não delegados, nas polícias militares e civis, respectivamente, têm sofrido todo tipo de violação a seus direitos como trabalhadores e cidadãos e cada vez mais intensamente demonstram insatisfação. O Ministério Público do Estado do Rio de Janeiro, no final de 2014, denunciou a situação em que trabalhavam os policiais das UPPs (Unidades de Polícia Pacificadora) como análoga à escravidão. Como esperar desses trabalhadores respeito aos marcos constitucionais e aos direitos humanos? Aproveitando-se da ausência de propostas de mudança no sentido democrático capazes de articular alianças amplas na sociedade, as lideranças dos estratos superiores das instituições esforçam-se por impor a disciplina, especialmente a disciplina política, traduzindo a revolta de seus comandados em linguagem exclusivamente corporativa, subtraindo da indignação o ingrediente potencialmente mais impactante: sua repulsa ao próprio modelo policial (mais de 70% dos policiais e demais profissionais de segurança pública, em todo o país, consideram falido o atual modelo).

Se a sociedade está descontente pelas mais variadas razões, por vezes contraditórias, e se não há sustentação majoritária nas próprias instituições policiais, por que o país permanece convivendo com a arquitetura institucional arcaica, legada pela ditadura? Observe-se aqui um ponto relevante: a ditadura não inventou a tortura e as execuções extrajudiciais ou a ideia de que vivemos uma guerra contra inimigos internos. Tais práticas perversas e as correspondentes concepções, racistas e autoritárias, têm a idade das instituições policiais no Brasil e, até mesmo antes de sua criação, já tinham curso. A ditadura militar e civil de 1964 simplesmente reorganizou os aparatos policiais, intensificou sua tradicional violência, autorizando-a e a adestrando, e expandiu o espectro de sua abrangência, que passou a incluir militantes de classe média. Ainda assim, foi esse regime que instituiu o modelo atualmente em vigência.

Considerados esses aspectos, qual é a importância das estruturas organizacionais das polícias para a definição dos padrões de comportamento de seus agentes?

O formato de uma organização é sempre um fator significativo na instauração de padrões comportamentais de seus membros. Tomo o exemplo das PMs, certamente o mais dramático, em razão da natureza de suas funções. Segundo o artigo 144 da Constituição, cabe-lhes o policiamento ostensivo, uniformizado, também chamado preventivo. Dada a divisão do trabalho ditada pelo mesmo artigo, que atribui a investigação com exclusividade às polícias civis, resta aos policiais militares, quando se lhes cobra produtividade, fazer o quê? Prender e apreender drogas e armas. Prender que tipo de transgressor? Atuar contra quais delitos? Se o dever é produzir, se produzir é sinônimo de prender e se não é permitido investigar, o que sobra? Prender em flagrante batedores de carteira, pequenos vendedores de drogas ilícitas, assaltantes de pontos de comércio, ladrões de automóveis etc. Com frequência, jovens de baixa escolaridade, pobres, moradores das periferias e das favelas, cujas dificuldades cotidianas estimulam a procura de alternativas de sobrevivência econômica. O pulo do gato, que torna tão efetiva a ação policial militar – quando avaliada não pelo resultado que deveria importar (a redução da violência), mas por índices de encarceramento –, dá-se quando o imperativo de prender apenas em flagrante encontra um instrumento legal para fazê-lo com celeridade e em grande escala: a política criminal relativa a drogas e a legislação proibicionista dela derivada. Forma-se o mecanismo cujo funcionamento ágil tem superlotado as penitenciárias de jovens que não portavam armas, não eram membros de organizações criminosas, não agiam com violência. O nome desse processo é criminalização da pobreza, verdadeira consagração do racismo institucionalizado. Se o flagrante como expediente exclusivo de ação policial no campo da persecução criminal submete a aplicação da lei a um crivo seletivo muito peculiar, o recurso à lei de drogas submete o princípio constitucional elementar, a equidade, a refrações de classe e cor. E assim o acesso à Justiça revela-se uma das mais impiedosas e dilacerantes desigualdades da sociedade brasileira. Registre-se que o Estado não cumpre a Lei de Execuções Penais, o que implica a imposição criminosa de um excedente de pena a cada sentença aplicada.

Há outros elementos relativos ao formato organizacional, no caso da Polícia Militar, cujas implicações também são perversas.

Em nosso regime legal, definir a polícia como instituição militar significa obrigá-la a organizar-se à semelhança do Exército, do qual ela é considerada força reserva. Sabe-se que o melhor formato organizacional é aquele que melhor serve às finalidades da instituição. Não há um formato ideal em abstrato. Portanto, só seria racional reproduzir na polícia o formato do Exército se as finalidades de ambas as instituições fossem as mesmas. Não é o caso.

30 | Bala perdida

O Exército destina-se a defender o território e a soberania nacionais. Para cumprir esse papel, precisa organizar-se para executar o "pronto emprego", isto é, mobilizar grandes contingentes humanos com rapidez e precisão, o que requer centralização decisória, hierarquia rígida e estrutura fortemente verticalizada. A função da PM é garantir os direitos dos cidadãos, prevenindo e reprimindo violações, recorrendo ao uso comedido e proporcional da força quando indispensável. Segurança é um bem público que deve ser oferecido universalmente e com equidade. Os confrontos armados são as únicas situações em que haveria alguma semelhança com o Exército, ainda que mesmo aí as diferenças sejam significativas. De todo modo, equivalem a menos de 1% das atividades que envolvem as PMs. A imensa maioria dos desafios enfrentados pela polícia ostensiva exige estratégias inviáveis na estrutura militar. Elas são descritas pelo seguinte modelo: o policial na rua não se restringe a cumprir ordens, fazendo ronda de vigilância ou patrulhamento determinado pelo Estado-maior da corporação em busca de prisões em flagrante. Ele atua como gestor local da segurança pública, o que significa, graças a uma educação interdisciplinar e qualificada: 1) pensar, analisar, dialogar e decidir – não apenas cumprir ordens. Diagnosticar os problemas e identificar as prioridades, ouvindo a comunidade, mas sem reproduzir seus preconceitos; 2) planejar ações, mobilizando iniciativas multissetoriais do poder público, na perspectiva de prevenir e contando com a participação social. Tudo isso só é viável em uma organização horizontal, descentralizada e flexível, o inverso da estrutura militar. E o controle interno? Engana-se quem defende hierarquia rígida e regimentos disciplinares draconianos. Se funcionassem, não haveria tanta corrupção e brutalidade nas PMs. Eficazes são o sentido de responsabilidade, a qualidade da formação e o orgulho de sentir-se valorizado pela comunidade com a qual interage. Além de tudo, corporações militares tendem a ensejar culturas afetas à violência, cujo eixo é a ideia de que segurança implica guerra contra "o inimigo". Não raro essa figura é projetada sobre o jovem pobre e negro. Uma polícia ostensiva preventiva para uma democracia que mereça este nome tem de cultuar a ideia de serviço público com vocação igualitária, radicalmente avesso ao racismo e à criminalização da pobreza.

Apesar de muitas mudanças importantes terem ocorrido no Brasil desde a promulgação da mais democrática Constituição de nossa história, em 1988, a arquitetura das instituições da segurança pública, na qual se inscreve o modelo policial, não foi alcançada e transformada pelo processo de transição, ainda que suas práticas tenham sofrido inflexões, adaptando-se superficial e insuficientemente às alterações legais. Além da preservação do formato organizacional oriundo da ditadura, a própria natureza da transição brasileira contribuiu para bloquear mudanças. Não houve o momento de verdade, a sociedade não olhou o horror nos olhos, não chamou os crimes da ditadura pelo nome, acomodou-se na pusilanimidade dos eufemismos. O impacto negativo sobre as corporações policiais, sobretudo militares, é inegável. Os novos marcos constitucionais foram e são interpretados, nas polícias (militares e civis), pelo viés da tradição autoritária, gerando, na melhor das hipóteses, um híbrido psicocultural que faz com que muitos profissionais tendam a oscilar entre dois eixos gravitacionais, do ponto de vista axiológico: de um lado, o repertório bélico, que valoriza o heroísmo, a lealdade, a coragem física, o confronto; de outro, o código do serviço público, que valoriza os direitos e o respeito à cidadania, assim como a fidelidade à Constituição e a competência na promoção de resultados compatíveis com a democracia.

É evidente que garantias constitucionais remetem aos direitos fundamentais: à educação, à saúde, à habitação etc., em igualdade de condições para todas as crianças. Por isso, aplicar a Constituição implicaria uma transformação profunda. Ocorre que é preciso estar vivo para lutar por equidade na garantia desses direitos.

Mudanças restritas às polícias poderiam fazer diferença? Sim, a mudança de formatos pode impactar as ações. Essa conclusão vale mesmo se reconhecermos que a autorização da sociedade para a brutalidade policial representa uma variável importante e que revogá-la deve ser meta permanente dos esforços verdadeiramente democráticos.

Em poucas palavras, sustento que o país, mesmo tragicamente desigual como é, poderia matar menos jovens pobres e negros, que é possível sustar o genocídio enquanto envidamos esforços para alterar o quadro socioeconômico. Não é preciso, nem moralmente aceitável, esperar por transformações nas estruturas sociais para então enfrentar o genocídio. Não se trata de lutas mutuamente excludentes. Devem ser concomitantes, pois uma fortalece a outra.

A violência policial não é o único desafio a enfrentar, ainda que seja o maior. Tanto por motivos políticos quanto por razões substantivas, não se terá sucesso na promoção das mudanças necessárias para extingui-la se o tema da universalidade da segurança pública não for assimilado pelos que se empenham nas reformas.

Em se admitindo, portanto, que mudanças específicas na área da segurança podem fazer a diferença, ainda que devam caminhar juntas com várias outras mudanças, a começar pela legalização das drogas, quais delas seriam viáveis, além de necessárias? Em primeiro lugar, desmilitarizar as PMs.

# 32 | Bala perdida

Desmilitarizar implica cortar o vínculo das polícias militares com o Exército, livrá-las de regimentos disciplinares inconstitucionais e autorizar seus membros a organizar sindicatos, os quais se submeteriam a regras específicas, como é o caso no campo da saúde e da Polícia Civil, por exemplo. O processo de mudança encetado pela desmilitarização ofereceria a oportunidade para a reforma completa do modelo policial, que se daria em torno de dois eixos, ambos apoiados pela maioria dos próprios policiais, civis e militares, ainda que haja fortes resistências nos estratos superiores das corporações, entre oficiais e delegados.

O primeiro eixo seria a revogação da atual divisão do trabalho entre as instituições: uma investiga, a outra age ostensivamente sem investigar. Ambas, então civis, passariam a cumprir o chamado ciclo completo da atividade policial: investigação e prevenção ostensiva.

O segundo seria a instauração da carreira única no interior de cada instituição, antigo pleito da massa policial. Hoje, há duas polícias em cada uma: oficiais e praças, delegados e agentes (detetives, inspetores etc. – o caso dos peritos é de grande importância, mas requeriria mais espaço para ser aqui apresentado). São dois mundos distintos, competindo entre si e, cada vez mais, mutuamente hostis.

A natureza do trabalho policial o situa com frequência sobre o fio da navalha. Para poucas outras funções é tão decisivo o controle externo, independente, de uma Ouvidoria dotada de recursos e autoridade, cuja legitimidade seja extraída de e traduzida em mandatos, exercidos com transparência.

Apresentada pelo senador Lindbergh Farias em 2013, a proposta de emenda constitucional número 51 (PEC-51), para cuja formulação contribuí, postula esse conjunto de mudanças. Certamente, reformas profundas nas organizações e induções valorativas relevantes demandariam tempo para transição e teriam de contar com ampla participação dos profissionais e acompanhamento por parte da sociedade. Nada disso pode se dar em um estalar de dedos do Congresso Nacional, mudando o artigo 144 da Constituição, nem o atual parlamento dá sinais de sensibilizar-se com pautas democráticas e populares. Somente uma ampla mobilização da sociedade seria capaz de pressionar os políticos em Brasília e conduzi-los em direção democrática. Estamos distantes desta hipotética realidade. Mas a crescente disposição participativa dos policiais e a evolução de seu debate político, que já superou a agenda exclusivamente corporativista, mantêm viva a esperança.

# Violência, militarização e 'guerra às drogas'[1][*]
## Maria Lucia Karam

Questionamentos em torno da violência praticada por agentes do Estado brasileiro costumam se concentrar na ação de policiais, especialmente policiais militares que, encarregados do policiamento ostensivo, são colocados na linha de frente da atuação do sistema penal. Atuações do Ministério Público e do Poder Judiciário passam ao largo. Tampouco se mencionam governantes, legisladores, órgãos de mídia e a própria sociedade como um todo.

Quando algum ato violento praticado por policiais adquire especial repercussão – o que acontece apenas quando a ocorrência alcança dimensões espetaculosas ou quando o atingido é visto como 'inocente' ou 'digno de vida' –, logo

---

[1] Este texto reproduz em linhas gerais o artigo "Sem o fim da 'guerra às drogas' não haverá desmilitarização", publicado no Relatório 2013 da Comissão de Defesa dos Direitos Humanos e Cidadania da Assembleia Legislativa do estado do Rio de Janeiro (Alerj) em dezembro de 2013.

[*] À diferença dos outros textos que compõem este volume, este artigo, a pedido de sua autora, não foi submetido a revisão. (N. E.)

34 | Bala perdida

surgem reivindicações de severa punição a algum identificado policial apontado como autor do específico ato, todos se satisfazendo no encontro do 'bode expiatório' capaz de personalizar a aparente causa da violência. A sempre conveniente busca do 'bode expiatório' também se manifesta em questionamentos mais genéricos. Nesses casos, o 'bode expiatório' é coletivizado, generalizadamente identificado nos integrantes das polícias militares estaduais. A aparente causa da sistemática violência é logo apontada mediante a simplista identificação da qualidade de militares dada a esses policiais encarregados do visível policiamento ostensivo. Detendo-se nessa qualificação, muitos falam em desmilitarização das atividades policiais, simplesmente reivindicando o fim das polícias militares. Alguns vão além, propondo a unificação, reestruturação e maior autonomia organizacional para as polícias estaduais, na linha vinda com a Proposta de Emenda à Constituição (PEC) 51/2013, que, tramitando no Congresso Nacional, visa "reestruturar o modelo de segurança pública a partir da desmilitarização do modelo policial".

Decerto, é imperativa emenda que afaste a distorcida concepção militarizada da segurança pública, paradoxalmente explicitada na Carta de 1988, que fez das polícias militares e corpos de bombeiros militares estaduais forças auxiliares e reserva do exército (§ 6º do artigo 144 da Constituição Federal brasileira). O paradoxo se revela no próprio texto constitucional que, em dispositivo imediatamente anterior, atribui às polícias militares estaduais as típicas atividades de policiamento ostensivo e preservação da ordem pública e aos corpos de bombeiros militares a execução de atividades de defesa civil (§ 5º do artigo 144). Tais funções, eminentemente civis, pois voltadas para a defesa da sociedade e de seus cidadãos, são, por sua própria natureza, radicalmente diversas das funções reservadas às Forças Armadas de defesa da soberania e integridade nacionais, voltadas para ameaças externas e guerras. Eliminada tal distorção, a organização das polícias em entes diferenciados ou unificados e sua estruturação interna – carreira; tarefas específicas derivadas dos dois grandes eixos de policiamento ostensivo e investigação; disciplina; controles internos e externos; formação; e outros aspectos de seu funcionamento – são questões que estão a merecer amplo debate que, naturalmente, há de prioritariamente incorporar a voz dos próprios policiais.

A indispensável desvinculação das polícias e corpos de bombeiros militares do exército e a eventual reorganização das agências policiais longe estão, porém, de constituir o eixo principal do debate sobre a desmilitarização. A efetiva desmilitarização requer muito mais. A militarização das atividades policiais não surge da mera (ainda que aberrante) vinculação das polícias militares ao exército, ou da mera existência de polícias denominadas militares – neste ponto, basta pensar nas semelhanças entre a Coordenadoria de Recursos Especiais (CORE), unidade especial da Polícia Civil do Estado do Rio de Janeiro e o Batalhão de Operações Policiais Especiais (BOPE) da Polícia Militar do mesmo estado, ou, em âmbito internacional, nos *Special Weapons And Tactics Teams* (SWATs) dos civis departamentos de polícia norte-americanos.

Mas, muito mais do que isso, a militarização das atividades policiais não é apenas uma questão de polícias. Não são apenas as polícias que precisam ser desmilitarizadas. Muito antes disso, é preciso afastar a "militarização ideológica da segurança pública"[2], amplamente tolerada e apoiada até mesmo por muitos dos que hoje falam em desmilitarização. Com efeito, muitos dos que falam em desmilitarização e estigmatizam especialmente os policiais militares não têm se incomodado com atuações das próprias Forças Armadas que, em claro desvio das funções que a Constituição Federal lhes atribui, há tantos anos vêm sendo ilegitimamente utilizadas no Brasil em atividades policiais[3].

Na cidade do Rio de Janeiro, no final de 1994, a chamada 'Operação Rio' concretamente ensaiou a ilegítima proposta de transferir as tarefas de segurança pública para as Forças Armadas, só sendo então abandonada porque, como seria de esperar, não se produziram os resultados com que a fantasia da ideologia repressora sonhava[4]. Naquela época, não se ouviram as vozes de muitos dos que hoje falam em desmilitarização e estigmatizam especialmente os policiais militares. Mais recentemente, o cenário do tão incensado (pelo menos, até há pouco tempo) modelo de policiamento iniciado também no Rio

---

[2] A expressão é utilizada pelo Coronel PM (reformado) e Professor Jorge da Silva em artigo que, publicado em 1996, mantém sua atualidade: "Militarização da segurança pública e a reforma da polícia", em R. Bustamente e Paulo César Sodré (coords.), *Ensaios jurídicos: o direito em revista* (Rio de Janeiro, Ibaj, 1996), v. 1, p. 497-519.

[3] A regra do artigo 142 da Constituição Federal estabelece que o Exército, a Marinha e a Aeronáutica se destinam a defender o país e a integridade dos poderes constitucionais do Estado e, por iniciativa de qualquer destes, a garantia da lei e da ordem. A garantia da ordem pública, a manutenção da ordem e a segurança das pessoas e da propriedade são tarefas atribuídas exclusivamente às polícias estaduais e à polícia federal, conforme estabelece a regra do artigo 144 da mesma Carta. Leitura sistemática de tais regras constitucionais deixa claro que a intervenção das Forças Armadas para assegurar a lei e a ordem só se autoriza quando haja uma real ameaça à integridade da nação ou ao Governo regularmente constituído, como no caso de uma tentativa de golpe de estado.

[4] Reproduzo aqui palavras que escrevi em meu artigo "A esquerda punitiva", *Discursos Sediciosos: Crime, Direito e Sociedade*, Rio de Janeiro, Relume-Dumará, ano 1, n. 1, 1º sem. 1996, p. 79-92.

36 | Bala perdida

de Janeiro – as chamadas Unidades de Polícia Pacificadora (UPPs) – inclui tanques de guerra e militares com fuzis e metralhadoras, seja na ocupação inicial, seja de forma duradoura, como aconteceu nas favelas do Complexo do Alemão e da Vila Cruzeiro e, posteriormente, nas favelas do Complexo da Maré[5]. As vozes de muitos dos que hoje falam em desmilitarização e estigmatizam especialmente os policiais militares não se têm feito ouvir, nem mesmo quando, no momento inicial das ocupações, chega-se a hastear a bandeira nacional, em claro símbolo de 'conquista' de território 'inimigo', a não deixar qualquer dúvida quanto ao paradigma bélico, quanto à "militarização ideológica da segurança pública".

O pretexto viabilizador da já distante 'Operação Rio' e das vigentes ocupações militarizadas de favelas como se fossem territórios 'inimigos' conquistados ou a serem conquistados foi e é uma pretensa 'pacificação' (estranhamente fundada na guerra) daquelas comunidades pobres alegadamente dominadas pelo 'tráfico de drogas'. Com efeito, é exatamente a proibição às arbitrariamente selecionadas drogas tornadas ilícitas[6] o motor principal da militarização das atividades policiais, seja no Rio de Janeiro, no Brasil, ou em outras partes do mundo. No início dos anos 1970, a política de proibição às arbitrariamente selecionadas drogas tornadas ilícitas, globalmente iniciada no início do século XX, intensificou a repressão a seus produtores, comerciantes e consumidores, com a introdução da 'guerra às drogas' que, formalmente declarada pelo ex-presidente norte-americano Richard Nixon em 1971, logo se espalhou pelo mundo.

A 'guerra às drogas' não é propriamente uma guerra contra as drogas. Não se trata de uma guerra contra coisas. Como quaisquer outras guerras, dirige-se sim contra pessoas – os produtores, comerciantes e consumidores das substâncias proibidas. Mas, não exatamente todos eles. Os alvos preferenciais da 'guerra às drogas' são os mais vulneráveis dentre esses produtores, comerciantes e consumidores. Os 'inimigos' nessa guerra são os pobres, os marginalizados, os negros, os desprovidos de poder, como os vendedores de drogas

---

[5]   O Exército permaneceu estacionado nas favelas do Complexo da Maré e da Vila Cruzeiro por quase dois anos, a partir de novembro de 2010. No Complexo da Maré, a presença das Forças Armadas, iniciada em abril de 2014, só um ano depois, no momento em que escrevo esse texto, começa a se desfazer.

[6]   A propósito da arbitrária divisão das drogas em lícitas e ilícitas e de outras questões relacionadas à proibição, reporto-me a meu mais recente escrito sobre o tema: *Legalização das drogas* (São Paulo, Estúdio Editores, 2015, Coleção Para Entender Direito).

do varejo das favelas do Rio de Janeiro, demonizados como 'traficantes', ou aqueles que a eles se assemelham, pela cor da pele, pelas mesmas condições de pobreza e marginalização, pelo local de moradia que, conforme o paradigma bélico, não deve ser policiado como os demais locais de moradia, mas sim militarmente 'conquistado' e ocupado.

Na ocupação militar do complexo de favelas da Maré, o desfile de militares do exército e fuzileiros navais, com suas metralhadoras e lançadores de granadas MK-19, com seus tanques, caminhões, jipes, carros anfíbios e outras viaturas blindadas, com seu helicóptero modelo Seahawk MH16, ocorreu nos primeiros dias de abril de 2014, exatamente quando se relembrava outro desfile de integrantes das Forças Armadas, com suas metralhadoras e lançadores de granadas, com seus tanques, caminhões, jipes e outras viaturas blindadas, um desfile que, ocorrido cinquenta anos antes, em abril de 1964, marcava o golpe que deu origem aos vinte e um anos de ditadura vividos no Brasil. No entanto, nem mesmo essa impressionante coincidência fez com que se rompesse o silêncio de muitos dos que hoje falam em desmilitarização e estigmatizam especialmente os policiais militares. Ocupações militares, metralhadoras, lançadores de granadas, tanques, caminhões, jipes, carros anfíbios e outras viaturas blindadas, características de regimes de exceção, só parecem incomodar quando atingem setores privilegiados da população. Quando os 'inimigos' são somente os identificados como 'traficantes' e os que, pobres, não brancos, marginalizados, moradores de favelas, desprovidos de poder, a eles se assemelham, a localizada instauração de regimes de exceção não provoca protestos, nem causa qualquer comoção.

O paradigma bélico, explicitamente retratado na expressão 'guerra às drogas', lida com 'inimigos'. Em uma guerra, quem deve 'combater' o 'inimigo', deve eliminá-lo. A 'guerra às drogas', como quaisquer outras guerras, é necessariamente violenta e letal. Policiais – militares ou civis – são colocados no 'front' para matar e morrer. Formal ou informalmente autorizados e mesmo estimulados por governantes, mídia e grande parte do conjunto da sociedade a praticar a violência, expõem-se a práticas ilegais e a sistemáticas violações de direitos humanos, inerentes a uma atuação fundada na guerra. A missão original das polícias de promover a paz e a harmonia assim se perde e sua imagem se deteriora, contaminada pela militarização explicitada na política de 'guerra às drogas'. Naturalmente, os policiais – militares ou civis – não são nem os únicos nem os principais responsáveis pela violência produzida pelo sistema penal na 'guerra às drogas', mas são eles os preferencialmente alcançados por um estigma semelhante ao que recai sobre os selecionados para cumprir o aparentemente oposto papel do 'criminoso'.

## 38 | Bala perdida

Concentrando-se na ação dos estigmatizados policiais, especialmente policiais militares, os debates sobre violência e militarização deixam intocada a ação corroborante e incentivadora do Ministério Público e do Poder Judiciário, de governantes e legisladores, da mídia, da sociedade como um todo. Concentrando-se em propostas de mera reestruturação das polícias ou de fim de 'autos de resistência' e silenciando quanto à proibição e sua política de 'guerra às drogas', deixa-se intocado o principal motor da militarização das atividades policiais e da violência necessariamente gerada nessa militarizada atuação.

Sem o fim da proibição às arbitrariamente selecionadas drogas tornadas ilícitas, sem o fim da 'guerra às drogas', qualquer proposta de desmilitarização das atividades policiais será inútil. Sem o fim dessa insana, nociva e sanguinária política, não haverá redução da violência, quer a praticada e sofrida por policiais, quer a praticada e sofrida por seus oponentes.

Pensemos nas palavras do Inspetor Francisco Chao, porta-voz da LEAP BRASIL, que, integrando a Polícia Civil do Estado do Rio de Janeiro, conhece bem essa insana, nociva e sanguinária guerra:

> A guerra, ao contrário do que mostram os filmes, não é heroica. Ela é suja. Ela fede. Eu participei de um filme. Participei de uma cena, que retratava a morte do herói do filme. A cena foi muito real, muito bem feita. Foi filmada em uma favela. Mas, ao final da cena, fiquei com a sensação de que faltava alguma coisa. Faltava. O sangue cenográfico não fede. O sangue de verdade tem um cheiro muito forte. Dentre as inúmeras razões por que sou a favor do fim do proibicionismo, é que eu estou cansado dessa guerra. Eu gostaria muito que essa insanidade, que essa guerra, que não interessa aos policiais, que não interessa à sociedade, tenha fim. Estou muito cansado disso. Estou muito cansado de ver policiais morrendo. Essa guerra é suja. Não tem como mexer com sujeira sem sujar as mãos.[7]

A legalização e consequente regulação e controle da produção, do comércio e do consumo de todas as drogas, que porá fim à política de proibição às arbitrariamente selecionadas drogas tornadas ilícitas e à sua suja e sanguinária guerra, há de estar no centro de qualquer debate sobre desmilitarização, redução da violência e efetivação dos direitos humanos.

---

[7] Palavras pronunciadas em intervenção no Seminário "Drogas: Legalização + Controle", promovido pela LEAP BRASIL, na Escola da Magistratura do Estado do Rio de Janeiro (EMERJ), em novembro de 2014. Disponível em: http://www.leapbrasil.com.br/noticias/informes?ano=2014&i=310&mes=11>.

## Os lírios não nascem da lei
### Coronel Íbis Pereira

> "O senhor já viu guerra? A mesmo sem pensar,
> a gente esbarra e espera: espera o que não vão
> responder. A gente quer porções. Demais é que
> se está: muito no meio de nada."
>
> João Guimarães Rosa

    Nos últimos trinta anos, mais de 1 milhão de pessoas foram assassinadas no Brasil. O relatório divulgado no final de 2014 pelo Fórum Brasileiro de Segurança Pública[1] revela uma realidade brutal: neste país, a cada dez minutos um ser humano é reduzido a pó. Foram contabilizadas 53.646 mortes violentas[2] em 2013 e estima-se que no mesmo ano tenham sido praticados 143 mil estupros. De acordo com o referido documento, apenas 8% dos homicídios são esclarecidos por meio de inquérito policial; pelo menos seis pessoas são mortas pelas polícias brasileiras todos os dias. No estado

---

[1] Disponível em: <http://www.forumseguranca.org.br>; acesso em: 10 abr. 2015.
[2] Homicídios dolosos, latrocínios e lesões corporais seguidas de morte. Esse total não inclui as vítimas de trânsito.

# 40 | Bala perdida

do Rio de Janeiro, entre 2011 e 2014, ocorreram 6.030 confrontos armados envolvendo policiais militares e suspeitos da prática de crime; mais de 1.500 pessoas morreram em decorrência desses entreveros; oitenta toneladas de drogas foram apreendidas; 21.245 armas de fogo foram retiradas das ruas, entre as quais estavam 980 fuzis[3]. Nos quatro anos referidos, 85.048 pessoas foram presas no estado durante o serviço de patrulhamento da Polícia Militar. Esses confrontos acarretaram a morte de 47 policiais e o afastamento de outros 629 em razão dos ferimentos sofridos em ação. De acordo com dados divulgados pelo Conselho Nacional de Justiça, somos a terceira população carcerária do mundo[4]. Amontoamos meio milhão de homens e mulheres em presídios medonhos. Inumanos. Nas prisões brasileiras, vicejam afetos tristes e a esperança demente de uma parcela significativa da sociedade, que encontra no ampliar da repressão policial um lenitivo para o medo do crime. Eis um esboço possível do Brasil, moinho de gastar gente, segundo a bela e terrível expressão criada por Darcy Ribeiro[5].

Os dados da violência no Brasil e no Rio de Janeiro em particular constituem a mais perfeita tradução, em números impressionadores, das dificuldades de uma sociedade em transformar estranhos em vizinhos e companheiros de jornada. Como nos versos do poema de Drummond, *nosso tempo* parece vincado por instituições e leis incapazes de sustentar o desejo de permanecermos juntos num contrato social. Pertenço a uma delas. Ingressei na Polícia Militar em março de 1983. Dediquei parte significativa de minha carreira a pensar e a trabalhar na formação de policiais. Comandei Unidades importantes, entre elas, duas de nossas escolas. Por alguns dias, inclusive, estive no comando da própria corporação. Depois de mais de trinta anos de serviço e meio século de idade, às portas de minha aposentação, devo confessar que todos esses anos me renderam muitas perplexidades e, talvez, uma única certeza. Por isso, prezado leitor, não espere um relato sobre como vivi meu ofício numa cidade *purgatório da beleza e do caos* – para dizer como os versos da canção –, muito menos um ensaio pormenorizado acerca dos excessos da polícia fluminense no empregar da força, no meio do redemoinho. Seria uma pretensão. Como diria o narrador machadiano de "Primas de Sapucaia", o presente opúsculo é apenas um modo que encontrei de "ir dizendo alguma coisa para o qual não acho porta

---

[3]  Fonte: Estado-Maior Geral da Polícia Militar do Estado do Rio de Janeiro.

[4]  Disponível em: <http//www.cnj.jus.br>; acesso em: 10 abr. 2015.

[5]  Darcy Ribeiro, *O povo brasileiro* (São Paulo, Companhia das Letras, 1995).

grande nem pequena; [portanto] o melhor é afrouxar a rédea à pena e ela que vá andando até achar entrada"[6].

Antes de mais nada, gostaria de partir de uma asserção incômoda: a violência é coisa de homem humano, demasiado humano. De modo geral, a determinação para a vilania não costuma ser indispensável para a prática do mal, à diferença da inconsciência, esse elemento tão central para a reprodução do modo de vida contemporâneo. Aliás, o desconcertante do belíssimo livro escrito por Hannah Arendt[7] sobre a "banalidade do mal" está, justamente, nessa revelação. A disposição para a violência é parte de nossa condição, tanto quanto a fome, o desejo sexual ou o medo da morte. Nossas almas são abismos, e quando se reúnem os mecanismos adequados, dessas profundidades podem emergir coisas surpreendentes.

A barbárie nacional não se explica apenas pelo esquizofrênico sistema de justiça criminal que adotamos: instituições partidas com atribuições fragmentadas e dissonantes. Há muita cólera latente; desafeição silenciosa que se manifesta em crueldade não apenas nas intervenções policiais, mas no trânsito selvagem de ruas, avenidas e rodovias brasileiras, no campo, no interior dos domicílios, nas escolas e nos estádios de futebol. Obra, quem sabe, da escravidão; herança de uma ordem social baseada na divisão entre senhores e escravos. Apesar de todas as conquistas recentes, ainda somos uma sociedade afetada pela desigualdade, na indiferença do olhar recusado ao sofrimento do outro, que não conseguimos enxergar como de nossa mesma estatura. Há mais de cem anos tentamos erguer uma república sobre essa mentalidade autoritária, presença que se desvela tanto na invisibilidade dos considerados inferiores na hierarquia social – os destituídos de autoridade e poder – quanto no apego que temos à sujeição, como indissociável da ideia de ordem. E por isso há muito ódio entre nós. Se alguém me perguntasse sobre meus encontros nesses anos vividos, responderia sem pestanejar: encontrei muito ódio. Um ódio ancestral, a explodir em conflitos que não conseguimos compor civilizadamente. Spinoza definiu o ódio como uma "tristeza acompanhada da ideia de uma causa exterior"[8]. Quem tem ódio se esforçará para destruir aquilo que odeia. A ordem social fundada na exclusão é necessariamente violenta na proporção

---

[6] Machado de Assis, "Primas de Sapucaia", em *Obra completa* (Rio de Janeiro, Nova Aguillar, 1997), v. 2, p. 417.

[7] Hannah Arendt, *Eichmann em Jerusalém: um relato sobre a banalidade do mal* (São Paulo, Companhia das Letras, 2000).

[8] Baruch Spinoza, *Ética* (São Paulo, Autêntica, 2009), p. 144.

## 42 | Bala perdida

da ruína que acumula, na forma das vidas sem poder de realização. Sua estabilidade acontece – e só pode acontecer – ao preço de muito ódio acumulado e desconsideração pelos mecanismos que a regulam. A paz, nesse caso, é apenas um estado de violência intermitente, a modificar as subjetividades, fomentando hábitos e relações sociais propensas à beligerância.

Como bem anotou Frédéric Gros[9], "mais que niilismo de existências disformes, veem-se processos perturbadores de socialização pela violência". Pertencer a uma súcia de homens armados é constituinte. Estar sob a possibilidade constante do conflito armado apresenta-se como um modo de ser. O cotidiano da guerra transforma a alma humana em pedra, ocasiona um tipo de sofrimento capaz de alterar os marcos referenciais que balizam o senso de moralidade, porque modifica a relação com a morte e, no limite, arrasta ao excesso e ao crime. Nessas circunstâncias, sendo possível fazer sofrer sem reprovação, a brutalidade se impõe como axioma. Aqui temos a manifestação de um terrível poder: o de coisificar tanto a vítima quanto o algoz. É a partir da dramaticidade desse cenário que gostaria de posicionar a questão da desmedida policial.

É comum interpretar o termo segurança como manutenção da ordem social e jurídica, que se experimenta como uma sensação. A polícia deve muito de seu caráter reacionário à percepção de sua atividade como uma presença a serviço da estabilidade daquilo que existe. Gostaria, mais uma vez, de me socorrer de Spinoza, porque ele chamou essa sensação de alegria. Segurança, para o filósofo holandês, envolve assegurar a "passagem do homem de uma perfeição menor para uma maior"[10]. Segurança, em outras palavras, é isto: uma espécie de direito de *ser mais*. A mãe de todas as inseguranças é negar ao homem, como direito humano básico, a possibilidade de ser mais. Nessa inconsciência, na qual chafurdam sociedades hierarquizadas, como a nossa, se multiplicam as blindagens e as tropas armadas, num esforço inútil de fazer derivar a tranquilidade dos artigos de um código penal. Afinal, como disse Drummond no poema "Nosso tempo", "os lírios não nascem da lei".

À Polícia Militar tem sido destinado esse "enxugar de gelo" desde a chegada da família real portuguesa, no início do século XIX, quando foi criada, no dia 13 de maio de 1809, a Divisão Militar da Guarda Real de Polícia, embrião da atual Polícia Militar do Estado do Rio de Janeiro. O modelo policial

---

[9]   Frédéric Gros, *Estados de violência: ensaio sobre o fim da guerra* (São Paulo, Ideias & Letras, 2009), p. 238.

[10]  Baruch Spinoza, *Ética*, cit., p. 141.

brasileiro foi inspirado no francês, com uma polícia de natureza civil a conviver com outra de estatuto militar. Apenas em 1936 uma legislação federal se preocupou em organizar esses contingentes, ressaltando suas atribuições policiais; até então, as legislações referentes às polícias militares se preocupavam, tão somente, com os aspectos relacionados à mobilização e à incorporação dessas forças ao Exército brasileiro. O espelhamento institucional com a tropa militar terrestre transformou as polícias militares em pequenos exércitos, acarretando a inevitável compreensão do ser policial militar não como um serviço público que pode usar a força, mas como uma força garantidora da ordem. Por inspiração da doutrina de segurança nacional (meado dos anos 1950) e com o advento da ditadura militar, essas corporações – encarregadas do policiamento ostensivo, com exclusividade, no final dos anos 1960 – passaram a operar a partir de um ideário notadamente belicista. A redemocratização não significou o fim do modelo inspirado na guerra. O confronto armado continuou a ser estimulado em ampla escala, da cobertura jornalística espetacular ao discurso político de ocasião, como estratégia de enfrentamento do crime – sobretudo do tráfico de drogas –, a empurrar a polícia em sucessivas cruzadas na defesa de uma sociedade que demanda drogas.

O comportamento por vezes brutal de policiais militares no Rio de Janeiro tem raízes no ambiente de violência armada em que a instituição foi condicionada a operar, principalmente a partir da década de 1980, quando a indústria bélica derramou sobre a miséria opressiva das muitas favelas da Cidade Maravilhosa o flagelo das armas de alta potência e capacidade de destruição. À economia da droga desenvolvida nas comunidades pobres da cidade veio aliar-se o fuzil de assalto, na defesa e na conquista de novas áreas de venda, expressão de poder da facção criminosa transmudada em estilo de vida, signo de pertencimento e identidade. Há trinta anos, ao menos, pelotões de servidores públicos armados, em sua maioria jovens negros e pobres (26 anos de idade em média), são empurrados para dentro de bairros pobres – onde os aguardam outros jovens igualmente pobres e majoritariamente negros –, num esforço irracional para reduzir um comércio que o vazio do mundo contemporâneo só faz ampliar. A letalidade policial é incompreensível, desconsiderada essa sintonia entre o ideário da militarização da segurança pública e a representação coletiva do criminoso como um inimigo a ser varrido a canhonadas, fruto de um autoritarismo ancestral e socialmente admitido.

Dizem que reencontramos a democracia. Com a Constituição de 1988, estabelecemos uma arquitetura para os órgãos de segurança que aguarda, até hoje, regulamentação. Fala-se em novos modelos. Enquanto não se decide o que se quer, penso que seria urgente atuar sobre o contexto de violência em que atuam as polícias brasileiras, no sentido de terminar com os efeitos desumanizantes do emprego de policiais como máquinas de matar e morrer – à toa. É imperioso o desenho de uma política pública centrada na perspectiva da segurança como direito, fundadora de uma doutrina nacional de emprego da força, que se desdobre nos órgãos em políticas de pessoal e de saúde física e mental, construindo indicadores que possam prevenir e coibir os excessos praticados pelos agentes de polícia.

Há uma música de Caetano Veloso que cabe para nós como uma luva. Em "Fora da ordem", o compositor diz o seguinte: "Aqui tudo parece que é ainda construção e já é ruína". No Brasil, em termos de segurança pública, temos de fato uma ruinaria, sem que nunca tenhamos tido um sistema de justiça criminal à altura de um Estado verdadeiramente democrático e republicano. É preciso superar esse horror.

# A violência como nome para o mal-estar
## Christian I. L. Dunker

A noção de mal-estar (*Unbehagen*) aparece em Freud designando um conjunto de impasses civilizacionais que interpretam o que nós chamamos de cultura: a contradição entre ricos e pobres, a impotência da educação para efetivar seus ideais, a precariedade de nossas normas e leis, a disjunção entre ética e política. Uma característica do mal-estar é que ele exprime uma série de pressupostos existenciais incontornáveis: estamos todos juntos neste mundo, do qual não podemos sair. Nossos corpos se degradam, a natureza nos fustiga, nossas convenções se voltam contra nós e, por mais que inventemos "técnicas de felicidade", elas devem ser humildemente consideradas como paliativos para o mal-estar. Contudo, o mal-estar não é a violência nem a destrutividade humana nem qualquer figura do pessimismo moral. O mal-estar é a lembrança perene de nossa condição trágica de existência.

Lacan pensou esse mal-estar por meio da noção de Real, que designa muito mais o que não conseguimos representar ou nomear em determinado estado de realidade do que a realidade ela mesma. Como se para formarmos essa imagem una e coerente de como a realidade se apresenta diante de nossos olhos, ainda que essa imagem não seja agradável, fosse preciso excluir um pequeno pedaço que torna o quebra-cabeças montável. Por isso o real não é capaz de ser nomeado ou, quando o fazemos, passa a ser simbólico ou imaginário.

Portanto, não há nada mais traiçoeiro para a psicanálise do que a convicção de que apreendemos o Real do mal-estar por meio de nomes que nos explicam perfeitamente a origem e a causa de nosso sofrimento. Quando tomamos o mal-estar e o nomeamos todo de uma vez, em uma espécie de causa una, o Real se mostra como *pior*. E o pior se apresenta sempre como uma espécie de inversão ética entre meios e fins, por exemplo: em nome da saúde, mais adoecimentos; em nome da paz, mais guerra; em nome da segurança, mais insegurança.

Algo análogo está em curso no Brasil de nosso tempo. Ganha força o discurso de que nosso mal-estar pode ser nomeado, e pode ser facilmente nomeado na forma da violência. Ademais, essa nomeação é ela mesma violenta, como se vê nas coberturas jornalísticas e na cosmética da violência habitualmente chamada de sensacionalista. De tal forma que a violência do discurso sobre a ascensão da violência torna-se imperceptível. E a violência, como nome para nosso mal-estar, começa a captar para si, de modo convergente, todas as nossas narrativas de sofrimento.

1. Se nos sentimos inseguros, é porque há um objeto intrusivo entre nós, potencialmente violento, e, portanto, fica justificada nossa atitude violentamente "preventiva" contra negros, nordestinos, homossexuais e todos esses outros que vem lá de "fora" de nossa antes harmoniosa cidade para alterar nossa ordem social.

2. Se nos sentimos inseguros, é porque alguém está violando o pacto que havíamos estabelecido, e, portanto, fica justificada nossa atitude violentamente repressiva contra corruptos, manipuladores e desobedientes que não estão seguindo nossas leis nem respeitando a divisão "natural" entre quem tem o poder e quem sofre o poder, quem tem os meios e quem só padece dos efeitos do poder.

3. Se nos sentimos inseguros, é porque alguém coloca em risco um fragmento de nossa felicidade, nossos filhos, nossa moral, nosso modo de vida, o que justifica nossa atitude violenta que cria inimigos para aumentar a força de coesão e de identidade entre "nós".

4. Se nos sentimos inseguros, é porque há uma generalizada anomia, falta de autoridade ou dispersão de nosso "espírito", a qual precisa ser

resgatada por uma espécie de retorno às origens e de reestabelecimento da ordem, portanto, a violência deve ser mobilizada para restaurar a paz.

Vemos assim como a nomeação maciça do mal-estar como "a-violência" cria facilmente mais violência e como a nomeação do Real de modo unívoco nos leva de volta ao pior. A tomada de uma palavra na função de nomeação, como diagnóstico unicista do mal-estar, cria uma estrutura de ficção convergente entre as diferentes narrativas do sofrimento, indexando todas elas em um mesmo fragmento de verdade. É por isso que a violência é também um bloqueio ou a suspensão das relações simbólicas de reconhecimento, dos semblantes imaginários, escondendo mais ainda, por meio de uma "cosmética da violência", o núcleo real do antagonismo social. Essa convergência de nosso sofrimento para um único ponto, um único bode expiatório[1], seja a esquerda patológica, sejam os homossexuais, os políticos corruptos, os negros ou os pobres, realiza uma espécie de sutura que veste e constrói um objeto imaginário, que nos acalma porque localiza todo o perigo em um mesmo lugar. Como se assim pudéssemos nos defender melhor dele. Esse objeto é o que Lacan chamou de *objeto-a*, e sua função é condensar tudo aquilo que é insuportável em nós mesmos. Por meio dele, nosso sentimento de insegurança social é projetado para fora, nossa sexualidade intolerável é alocada nos outros "problemáticos", nosso sentimento de irrelevância é convertido na sensação mentirosa de que estamos fazendo um grande ato de transformação, nossas pequenas corrupções são "esquecidas" em nome da construção de um grande corruptor (que são sempre os outros). Por isso chamo de "a-violência" esta fusão da violência como nome para nosso mal-estar e como meio de produção de uma violência gozosa em nome da guerra contra a violência (*objeto-a*).

O pior, na situação brasileira de hoje, é que essa lógica foi levada longe demais. O país se transformou em um loteamento de condomínios, que, com seus muros, síndicos, catracas e crachás, se autossegregou até o ponto em que teve início uma guerra entre os espaços "protegidos" intramuros, nos quais uns protegem-se de outros. Essa ideia de uma lei local do condomínio contra a prisão chegou a seu limite. Não se trata mais de disputar apenas os meios de acesso a quem pratica a violência condominial, esse curioso híbrido jurídico, familiar, paramilitar, mas de transformar a função social da violência. Só a

---

[1] Lembrando que a expressão "bode expiatório" vem do grego *tragos* ("bode"), termo que deu origem à palavra "tragédia", sucedendo os atos expiatórios pelos quais esse animal era sacrificado em nome da "harmonização da cidade".

## 48 | Bala perdida

lógica do condomínio pode justificar, ainda hoje, a existência de uma Polícia Militar, ao lado de uma Polícia Civil.

A partir da lógica matemática desenvolvida por Glotob Frege[2], Lacan[3] abordou a existência de funções particulares da língua que perturbam a relação habitual entre sentido e significação, a saber, a função de nomeação. É por meio dessa função que uma palavra usualmente empregada como adjetivo para qualificar as mais diversas qualidades de um ato torna-se um substantivo. É assim que se confundem agressividade e violência, conflito e guerra, fenômenos naturais e fenômenos sociais, a violência que cria leis e a violência contra leis, a violência de Estado e a violência como mensagem para o Estado, ou seja, uma palavra cujo sentido depende das mais diversas situações e contextos é transformada em caso homogêneo de uma única substância idêntica a si mesma: *a violência*. A incidência da função de nomeação nos permite entender por que e sob quais circunstâncias uma rede de narrativas sobre o sofrimento se torna convergente, produzindo uma espécie de "grande mal", que será, a partir de então, impensado e autojustificado. O nome concentra a autoridade da lei, assim como justifica a violência contra seus opositores. Nossa violência não será tratada pela acumulação de mais força para gerar mais respeito pela força. Isso é a teoria, hoje hegemônica, de que a violência decorre da impunidade e do medo (ou da falta de dele). A autoridade pode ser mais bem constituída por sua distribuição em atos locais de nomeação. Isso significa reconhecer o conflito, reconhecer a dignidade das oposições envolvidas, e não apenas derrogar pessoas para fora dos condomínios criando classes de excluídos, perigosas e violentas.

Qualquer palavra corrente do léxico pode ser usada como nome próprio. A partir de então, uma espécie de compreensão imediata será realizada, determinando efeitos vocativos, de articulação, de demanda e indicativos, semelhantes aos que encontramos na metáfora. Ou seja, a violência perde seu estatuto de, ao mesmo tempo, ser uma metaforização do mal-estar, operação

---

[2] Considerado um dos pais da filosofia da linguagem, Gotlob Frege descreveu o funcionamento lógico das proposições ao modo de uma função pluriunívoca. O exemplo clássico é a expressão "estrela da tarde", que denota o mesmo objeto que "estrela da noite", que é também chamada de "Vesper" e que, no limite, aponta para um único objeto: o planeta Marte (sem aspas). Todas as nomeações variáveis compõem os diferentes sentidos (*Sinn*) que conotam, de modo convergente, a mesma significação (*Bedeutung*). Gotlob Frege, *Sentido e referência* (1892) (São Paulo, Perspectiva, 1998).

[3] Jacques Lacan, *O seminário*, livro 12. *Problemas cruciais da psicanálise* (1964-1965) (Recife, Centro de Estudos Freudianos do Recife, 1988).

social, e designar uma série de incidentes ou de ocorrências cujo sentido queremos modificar. De modo que, por fim, não precisamos pensar e agir segundo novas estratégias e introduzir especificidades contextuais para tratar os problemas. Temos apenas de reforçar o que já estamos fazendo, multiplicar o mundo que já temos e já conhecemos, intensificando a força contra o "grande mal". Mais policiais, mais muros, mais leis, mais prisões, mais ostensividade, mais ainda... e pior.

O mal-estar que é nomeado por "a-violência" acaba subsumindo e subordinando todas as outras formas de conflito – de classe, de gênero, de aspirações ideacionais, de religião. Todas as modalidades de violência – contra a mulher, contra a criança, contra o pobre – são, então, subitamente identificadas entre si. O *bullying* entre jovens de classe alta e o extermínio policial de menores "com aspecto" de infratores na periferia – tudo a mesma violência. O massacre de indígenas despossuídos de suas terras e a redução da idade penal para "jovens violentos". A "intolerável" invasão de terras improdutivas e a formação de condomínios com o cultivo de uma intraviolência "tolerável". Tudo é identificado como *a mesma coisa*. A um só tempo, um tipo de violência torna-se excessivamente visível, e outro torna-se invisível. É assim, pela presença de um mesmo traço que adquire a função de unir uma série e mantê-la sob uma mesma significação, que a supervisibilidade de "a-violência" mantém opaca outras formas de apresentação do conflito.

Isso não quer dizer que não haja violência ou que ela seja super ou subestimada, mas que ela toma parte em um dispositivo, em uma gramática gerativa e interpretativa do sofrimento. De maneira inversa, todas as formas particulares de violência, por exemplo, contra ou em nome da lei, contra ou a favor de minorias, contra ou a favor da repressão ao crime, contra ou a favor da ordem, contra ou a favor de resistências políticas, contra ou a favor de demandas de transformação social, são unificadas em torno do mal-estar, agora nomeado e indistinto como "a-violência".

Podemos, então, sintetizar o que fica excluído por essa função pluriunívoca de "a-violência" como nomeação do mal-estar:

1. A ausência de tematização direta da violência de Estado ou de suas instituições; a violência torna-se sinônimo onipresente do fracasso do Estado.

2. A homogeneização da violência nas fronteiras entre público e privado, neutralizando, assim, a violência crítica e a violência como resistência.

3. A banalização da violência simbólica representada pelos ideais de ajustamento ou da violência a serviço da precarização e da produtividade no

trabalho. A invisibilidade das zonas cotidianas nas quais a violência não é sistêmica.

4. A neutralização da diferença entre as gramáticas nas quais a violência está envolvida, entre classes, entre gêneros, entre posições sociais, entre os que dispõem dos meios de "empreitar" o monopólio do Estado sobre o uso da violência e aqueles que só podem sofrer suas consequências e seus efeitos.

5. A criação do desamparo como afeto político fundamental e, consequentemente, a ascensão de políticas baseadas no reforço da mítica do grande pai, fonte de segurança hobbesiana, em troca de submissão e infantilização da cidadania.

A melhor forma de tratar a violência ascendente no Brasil de hoje, bem como seu afeto sintomático, que é o ódio, está na retomada da palavra como experiência de reconhecimento. Se nossos policiais trocassem duas ou três palavras antes de atirar, deixaríamos de ser a polícia que mais mata ao sul de Gaza. É também por meio da palavra, direta e em primeira pessoa, que podemos transformar nosso ressentimento de classe em diferença produtiva. Finalmente, é pela circulação da palavra, pelos meios que a digitalização facultou para nossa antes improvável inclusão social, que uma nova política poderá nascer. Nela, prescindiremos de grandes nomeações para proliferar inimigos. Nela, nos dedicaremos a decidir juntos coisas pequenas, de nossa vida real, com a insegurança e a indeterminação que os grandes atos morais exigem.

# Formas de temer, formas de reprimir: as relações entre a violência policial e suas representações nas mídias
## Jean Wyllys

"Quando a polícia cai em cima, até parece que sou fera."
Edson Gomes

A violência policial – entendida aqui como abuso da força legal, prática de torturas e humilhações, bem como execuções extrajudiciais por parte das polícias militar e civil nos diferentes estados da federação – é a *cara* da moeda cuja *coroa* é a criminalidade urbana, da qual fazem parte os delitos contra o patrimônio (furtos, roubos e assaltos à mão armada, extorsões, latrocínios, sequestros etc.) e os crimes contra a vida, dos quais são vítimas os cidadãos comuns (os chamados crimes de colarinho não são percebidos como parte da violência urbana). Como faces da mesma moeda, *cara* e *coroa* são inseparáveis.

Essa moeda ocupa uma centralidade na vida da maioria dos brasileiros, em parte por causa do medo e do sentimento de insegurança que os episódios reais geram, em parte por causa das representações desses episódios nos diferentes meios de comunicação e do amplo espaço que estes lhes reservam. Sobretudo, essas representações midiáticas amplificam e disseminam o medo

# 52 | Bala perdida

e a sensação de insegurança entre as pessoas, o que as leva a demandar mais
polícias, uma postura mais dura por parte delas (aceitando, inclusive, a prática
de torturas e as execuções extrajudiciais) e mais encarceramentos.

Independentemente de estatísticas, dados e mapas acerca da criminalidade levantados por especialistas em violência urbana[1], os episódios em "páginas policiais" de jornais impressos e programas de televisão e rádio que exploram comercialmente a criminalidade praticada pelos pobres (re)configuram
um imaginário popular em que sempre se está na expectativa de crescimento
descontrolado da violência e, por isso, numa permanente tolerância em relação
à violência policial e na demanda por mais policiamento – e não por políticas
públicas que incidam sobre as raízes da criminalidade urbana!

Se, de acordo com Walter Benjamin, teórico da Escola de Frankfurt, os
meios de comunicação de massa serviram menos ao aprofundamento da democracia e mais à expressão da barbárie, observação similar pode ser feita em
relação a alguns usos das novas tecnologias da comunicação e da informação.
Uma vez que estabelecem com a mídia de massa uma espécie de "cultura das
mídias", para usar a expressão da especialista em semiótica Lucia Santaella[2],
a internet e, mais notadamente, as redes sociais se converteram em meios nos
quais circulam representações da criminalidade urbana que expressam uma
crueldade sem filtro – nos meios de massa, há pelo menos um filtro imposto
pelas instituições públicas de controle e pelos próprios editores de jornais e
telejornais – e reivindicações de aumento do efetivo policial e de uma postura

---

[1]    No final de 2014, a ONG Anistia Internacional chamou atenção para a qualificação dos
números da violência no país. De posse dos dados do último Mapa da Violência no Brasil,
compilados com base em informações do Datasus, a Anistia divulgou que em 2012 foram
registrados 56.337 homicídios no Brasil. Entre os mortos, 57,6% do total eram jovens com
idade entre 15 e 29 anos, 93,3% eram homens e 77% eram negros. A população negra e pobre
é vítima de uma violência sistemática, institucionalizada e já aceita por boa parte da sociedade.

[2]    Segundo Santaella, a "cultura das mídias" está relacionada à comunicação e à cultura de
massa informatizadas e interativas. Uma das características das mídias é a mobilidade, a capacidade que a informação tem de transitar de mídia a mídia e desfazer as fronteiras entre os
níveis de cultura (erudita, popular, de massa), favorecendo, assim, o hibridismo, as intercessões
de linguagens e referências. Para ela, portanto, a cultura das mídias "não se confunde nem com
a cultura de massas nem com a cultura virtual ou cibercultura"; trata-se de "uma cultura inter-
mediária, situada entre ambas; a cultura virtual não brotou diretamente da cultura de massas,
mas foi sendo semeada por processos de produção, distribuição e consumo comunicacionais".
Lucia Santaella, "Da cultura das mídias à cibercultura: o advento do pós-humano", *Famecos*,
Porto Alegre, n. 22, dez. 2003, p. 24. Disponível em: <http://www.revistas.univerciencia.org/
index.php/famecos/article/viewFile/229/174 >.

mais dura por parte das polícias, quando não de uma lei do talião que solapa o tempo das garantias jurídicas.

Hoje, qualquer cidadão, adulto ou criança, é bombardeado na internet por imagens de violência, grotescas representações de execuções a sangue frio, mulheres sendo espancadas, truculência policial nas ruas, o que cria um clima de insegurança e medo que faz com que as pessoas demandem, como resposta, mais polícia, e não políticas públicas de justiça social, inclusão e distribuição de renda. Pedem não apenas mais polícia, mas uma polícia mais dura, passando a ser tolerantes com a violência policial, representada pela tortura nas delegacias e nas prisões, pelas execuções extrajudiciais a céu aberto, pelas prisões arbitrárias, enfim, pela indiferença a qualquer garantia constitucional e a qualquer respeito pelos direitos humanos e dos cidadãos.

Quem é, porém, ao fim e ao cabo, a vítima dessa violência policial demandada pelo imaginário manipulado para se perceber permanentemente ameaçado pela escalada da violência? Não são os criminosos de colarinho branco, tampouco os deliquentes das classes média-alta e alta. As vítimas dessa violência são os pobres, em especial os negros pobres moradores das periferias, porque há, naquele imaginário, uma clara associação, feita pelas mídias que o (re)configuram, entre criminalidade, pobreza e negritude. Também restam como vítimas os movimentos sociais de esquerda, as categorias de trabalhadores em greve e as minorias estigmatizadas e ignoradas pelo poder público. Exemplos disso não faltam: as manifestações de junho de 2013, duramente reprimidas nas ruas diante das câmeras das tevês comerciais e alternativas; a forma como o governador do Rio de Janeiro Sérgio Cabral (PMDB) tratou as manifestações anti-Copa do Mundo na capital carioca, recorrendo inclusive à Força Nacional; e, mais recentemente, o abuso da força legal perpetrado, sob as ordens do governador tucano Beto Richa, pela Polícia Militar do Paraná contra os professores em greve.

Essa ação do Estado, amparada pela demanda de uma maioria da população que se percebe insegura, gera um monstro, inicialmente camuflado em choque de ordem e contenção da criminalidade, mas que deteriora e enfraquece com seus tentáculos, em médio e longo prazos, nossa democracia, que só pode vigorar por meio de políticas sociais inclusivas e nas garantias dos diretos humanos e fundamentais. Ignorados esses pilares, o que nos resta? Resta-nos o autoritarismo e a barbárie.

Não é, portanto, o endurecimento das ações policiais nem a ampliação de um contingente repressor do Estado a solução para a criminalidade urbana. O remédio que nos prescreve a democracia – remédio essencial para a

54 | Bala perdida

felicidade de uma nação – é a justiça social, a ampliação da comunidade de direitos, de modo a incluir os mais pobres, a implementação de produtivas políticas públicas de segurança, alimentação e nutrição, geração de emprego e renda, moradia, infraestrutura urbana, transporte, educação de qualidade, saúde e cultura. Com justiça social, o paraíso seria aqui mesmo, no Brasil.

Mas a justiça social só se dará com a demolição do modelo internalizado pela maioria – e fartamente perpetuado pelos meios de comunicação de massa articulados em redes sociais digitais com as novas tecnologias da informação –, segundo o qual pobres em geral, pobres negros em especial e movimentos organizados de esquerda são criminosos e, por isso, devem ser combatidos. Nesse contexto, apenas uma política de regulamentação e democratização da mídia poderá ensejar novas e positivas posições de sujeito para esses atores que, até então e com poucas exceções, desempenham papéis secundários e subalternos nas relações sociais e de poder. Não uma regulamentação no sentido repressor, de censura ou cerceamento de opiniões, mas no sentido de criar normas e critérios que democratizem a produção de mensagens e evitem a concentração de mídias, livrando os meios da parcialidade, da desonestidade intelectual e da recorrência a estereótipos e preconceitos; de modo que as mídias sirvam de fato e de direito à educação informal e diáloguem com a educação formal oferecida pelo Estado e pelo mercado e, dessa forma, reconfigurem nosso imaginário acerca dos pobres em geral, dos pobres negros em particular e das minorias sociais, étnicas, religiosas e sexuais, bem como de seus modos de vida. Essenciais, para tanto, são a garantia e a proteção de nossas liberdades individuais e coletivas.

Faz parte dessa garantia e dessa proteção dos direitos humanos – direitos sociais, políticos, econômicos, culturais, ambientais, sexuais e reprodutivos – uma polícia cidadã. A polícia deve ser, portanto, mais bem remunerada, preparada psicológica e intelectualmente para lidar com a diversidade humana e cultural e orientada para a afirmação e a proteção da dignidade humana. As polícias militares devem abandonar, de uma vez por todas, a militarização herdada dos mais de vinte anos de uma ditadura que aparentemente acabou com a promulgação da última Constituição, em 1988. E não podem, nem as polícias militares nem as civis, estar a serviço de uma política de drogas que, em vez de legalizar e regulamentar a cadeia produtiva de drogas ilícitas – permitindo, assim, o enfraquecimento do tráfico ilegal e a arrecadação de recursos, por meio de taxação, que possam ser reinvestidos em educação para o consumo e em políticas de redução dos danos causados pelos eventuais usos problemáticos –, sustenta uma "guerra" que só mata e encarcera os pobres em geral e os pobres negros em especial.

# Os mecanismos midiáticos que livram a cara dos crimes das polícias militares no Brasil
Laura Capriglione

O estado de São Paulo tem um personagem inconveniente, insuportável mesmo. É uma mulher, espécie de maluca, dessas que aparecem nas horas erradas, chamam atenção para si, choram, carregam cartazes, brigam, falam alto. Chama-se Débora Maria da Silva, que ficou desse jeito desde que seu filho foi assassinado por homens encapuzados durante o revide policial aos ataques da organização criminosa PCC (Primeiro Comando da Capital), em maio de 2006.

Na ocasião, um verdadeiro massacre foi cometido no estado. Em apenas dez dias, entre 12 e 21 de maio de 2006, caíram mortos 505 civis, assassinados em supostos confrontos com a polícia, executados sumariamente por soldados da PM ou vitimados por grupos de encapuzados. No mesmo período, 59 agentes públicos foram mortos naquilo que consistiu a principal ação do PCC contra o aparelho do Estado. Segundo o sociólogo Ignácio Cano, do Laboratório de Análise da Violência da Universidade Estadual do Rio de Janeiro, um dado esclarecedor sobre as motivações da morte de tantos civis (a dos agentes

56 | Bala perdida

públicos, afinal, já se sabia a mando de quem havia sido realizada) reside na cronologia dos fatos. Enquanto os agentes públicos foram mortos nos dias 12 e 13, os civis foram assassinados, fundamentalmente, entre os dias 14 e 17. Disse Cano em entrevista ao jornal *O Estado de S. Paulo*: "Esse quadro reforça a suspeita de que houve uma represália às ações do PCC, uma vez que a maior parte dos civis morreu nos dias seguintes".

O filho de Débora, Édson Rogério da Silva, foi um desses 505 civis. Morreu na Baixada Santista, para integrar as estatísticas do matadouro em que se transformou o estado de São Paulo. E seria apenas isto: mais um sujeito preto, pobre e favelado a engrossar as análises frias dos trabalhos acadêmicos e as páginas policiais de jornais e revistas.

Devastada pela dor da perda do filho, Débora chegou a dormir no cemitério onde ele se encontra enterrado, em Santos. E, então, levantou-se para fazer a voz dele reviver na sua própria. Fundou a organização Mães de Maio para cobrar a responsabilidade do Estado no assassinato e no desaparecimento de moradores das periferias pobres.

O nome Mães de Maio parece ecoar o de outro movimento contra massacres cometidos pelo Estado, o Mães da Praça de Maio, que age contra os crimes da ditadura militar argentina. Também essas mães eram inconvenientes, intransigentes, insuportáveis. E, por isso, eram chamadas de "*las locas de la plaza de Mayo*". Mas elas mudaram a história. E é isso o que Débora também quer em sua incansável militância diária.

A dor de Débora fez dela a maior referência dos milhares de pais e mães que, desde 2006, perderam seus filhos devido à ação da Polícia Militar. Assim, o movimento Mães de Maio começou a juntar também mães de outros meses, de 2007, 2008, 2009, até hoje. E não para de crescer, porque a polícia nunca cessou de tratar os pretos pobres, moradores das periferias, como "suspeitos padrão". Débora exige apuração dos crimes. Mostra o rosto devastado dos pais chorando a morte dos filhos. Dá nome e sobrenome às vítimas. Cobra ação da Justiça. Denuncia a reação anestésica da mídia tradicional. Escracha os programas sensacionalistas, que vivem de incitar a população à prática da vingança de sangue. Débora incomoda porque desnuda a violência estatal, uma violência bifronte que se apoia em duas lógicas distintas, mas complementares: 1) a lógica policial militar, que entende os cidadãos negros, pobres e periféricos como inimigos potenciais do Estado que os exclui; 2) a lógica da violência simbólica, operada principalmente pela mídia tradicional, que desumaniza e criminaliza as vítimas, atuando como salvo-conduto para a prática da violência policial.

Senão, vejamos: o exercício racista da violência do Estado brasileiro é de fazer inveja ao mais racista entre os policiais de Baltimore, nos Estados Unidos, onde uma onda de rebeliões negras em 2015 tem denunciado a covardia dos agentes públicos, matando e torturando cidadãos afrodescendentes como se nem humanos fossem. Pois a PM de São Paulo matou 10.152 pessoas entre julho de 1995 e abril de 2014. Entre 2008 e 2012, foram 9,5 vezes mais do que todas as polícias dos Estados Unidos. Enquanto os Estados Unidos registraram 0,63 morte a cada 100 mil habitantes, em São Paulo o índice foi de 5,87 no mesmo período. A maioria era de moradores das periferias pobres, negros ou pardos. Apesar disso, enquanto os Estados Unidos assistem a um processo de indignação e protestos pelas mortes decorrentes de ação policial, inclusive com homenagens a todos os negros mortos pela polícia nos últimos meses (Michael Brown, Tamir Rice e Eric Garner, entre outros), no Brasil opera-se uma espécie de anestesia da sensibilidade social, da qual só agora começamos a sair.

Como aconteceu essa dessensibilização, a ponto de nenhum horror terem causado as mortes de 505 civis em um único estado da Federação em apenas dez dias? Como se desligaram os sensores humanos da tragédia social, quando milhares de pessoas são vítimas de um Estado ultraviolento e intrinsecamente racista? Um dos mecanismos opera pelo registro da invisibilidade do outro, dos outros, dos que não moram em Higienópolis, nos Jardins, no Leblon ou em Ipanema. A tragédia do filho morto no Capão Redondo ou no Alemão vira registro. Em Ipanema ou nos Jardins, é matéria de capa. A invisibilidade da realidade da periferia é parte do mecanismo que permite a supressão de direitos. Só reivindica direitos quem é visível no campo do debate democrático. Tornar invisíveis os problemas vividos pelos moradores da periferia é uma forma de eludir suas reivindicações.

Explica-se: quando foi assassinado pela polícia o publicitário Ricardo Prudente de Aquino, em julho de 2012, depois de ultrapassar uma barreira policial em Alto de Pinheiros, um dos bairros mais ricos de São Paulo, fizeram-se manifestações e protestos, amigos vestidos de branco, rosas nas mãos, missa na igreja Nossa Senhora do Brasil – a mesma dos casamentos da elite paulistana. Repórteres de toda a imprensa presentes. Ricardo era uma exceção branca num monte de cadáveres negros e pobres. No mesmo mês, a polícia matara um jovem segurança morador do fundão da Zona Sul da cidade. A justificativa foi tê-lo confundido com um bandido. Como aconteceu no bairro rico, mãe, pai, amigos e colegas de trabalho desfilaram pelas ruas da periferia, com camisetas brancas e rosas nas mãos. Mas a mãe já sabia: "Protesto por assassinato de pobre não aparece no jornal". Não apareceu mesmo. Foi noticiado apenas como

# 58 | Bala perdida

"registro", ou nota curta, sem foto. Em certo sentido, isso se deve ao paroquialismo dos jornais, com jornalistas cobrindo preferencialmente suas vizinhanças, seu próprio espaço vital, onde circulam seus amigos e seus familiares. É também porque os bairros ricos e de classe média concentram o leitorado dos jornais, a clientela direta. Por fim, tem a ver com a adesão ao projeto político tucano, que hegemoniza a política paulista há vinte anos. O governador do estado é o chefe da Secretaria de Segurança Pública.

Outro mecanismo acontece pela manipulação da narrativa. O assassinato de um jovem trabalhador pela polícia é apresentado como "confronto". A vítima, criminalizada, é invariavelmente acusada de ser traficante, de ter resistido à prisão, de estar armada, versão que a mídia tradicional retransmite docilmente e, na maioria dos casos, sem checar. É uma covardia. Dotada de imensa assessoria de imprensa, a Polícia Militar e a Secretaria de Segurança Pública fabricam suas "verdades" contra famílias pobres, desassistidas e desesperadas pela dor e pelo medo, muitas vezes ameaçadas caso ousem falar. Uma das maiores violências cometidas contra a família dos jovens assassinados pela Polícia Militar e contra a própria memória das vítimas reside em sua criminalização póstuma. Já entrevistei dezenas de pais e mães de vítimas como forma de documentar a violência policial, e a primeira coisa que a maioria deles faz é apresentar a carteira de trabalho do filho morto. Uma dessas mães mostrou-me a carta de condolências que o gerente da loja McDonald's em que o filho trabalhava mandou-lhe depois do assassinato do menino por dois policiais militares fora de serviço. A carta dizia que o jovem era um funcionário exemplar. No enterro do jovem, colegas de escola e de emprego fizeram questão de estar presentes, em solidariedade. Para a poderosa assessoria de imprensa da polícia, entretanto, ele era apenas um ladrão. Nos jornais, a autoridade policial apareceu dizendo que o rapaz havia assaltado um supermercado e depois resistido – armado – à ordem de prisão. Estava "justificada" a morte. A mãe "foi procurada, mas não foi encontrada" figura, como sempre, a justificativa para a falta do chamado "outro lado". E o menino virou bandido, algo que lança o estigma do crime sobre a memória dele e sobre toda a sua família.

Outro recurso narrativo a favorecer a culpabilização da vítima consiste na extração do jovem morto de qualquer contexto afetivo, familiar, de vizinhança. O resultado do processo é ele ser reduzido à condição de "bandido absoluto". Na maior parte das vezes, nem nome o morto possui nos registros dos jornais.

O caso do pedreiro Amarildo é exemplar da atuação desse mecanismo, usado no piloto automático pela mídia tradicional. Ao mesmo tempo, trata-se de um marco a mostrar a potência das contranarrativas geradas nas redes sociais por comunidades e movimentos por direitos humanos.

O pedreiro Amarildo foi preso, torturado e morto pela Polícia Militar do Rio de Janeiro no dia 14 de julho de 2013. Os jornais tradicionais, fiéis às assessorias de imprensa da polícia, apressaram-se em veicular a versão de que ele seria um traficante ou um prototraficante e que seu desaparecimento decorreria de acertos entre bandidos. Foi graças à troca de mensagens, torpedos e à campanha "Onde está o Amarildo?", iniciada nas redes sociais, especialmente no Facebook, com o apoio de movimentos como o Mães de Maio (da inconveniente Débora) e da Rede de Comunidades e Movimentos contra a Violência, que Amarildo tornou-se pedreiro e resgatou, *post mortem,* sua humanidade. Assim, descobriu-se que ele, que tinha o apelido de "Boi", era casado com a dona de casa Elizabeth Gomes da Silva e pai de seis filhos, com quem dividia um barraco de um único cômodo. Os jornais tradicionais – sob o risco da desmoralização – foram obrigados a ir atrás da verdadeira história do pedreiro assassinado.

Por fim, linha auxiliar importantíssima na manipulação, na justificação e no incentivo da violência policial, estão os programas sensacionalistas vespertinos, que têm entre suas maiores estrelas os apresentadores Marcelo Rezende e José Luiz Datena.

Segundo o tenente-coronel da reserva da Polícia Militar de São Paulo Adilson Paes de Souza, esses programas enaltecem a associação de "truculência e arbitrariedade policial com o exercício de autoridade". Segundo ele, alimentam ainda mais essa violência porque são consumidos avidamente nos quartéis. "O efeito terapêutico dessas falas nos policiais militares é terrível", moldando sua ação violenta e justificando-a.

Hoje, o Brasil começa a mostrar a potência das contranarrativas feitas em rede e, como acontece nos Estados Unidos, multiplicam-se os registros em vídeo das violências cometidas por PMs, os quais viralizam pela internet; temos vítimas com nome e sobrenome, com história, com família, com luto, com carteira de trabalho. Temos vítimas que são objeto de saudades. Graças à ativa entrada dos pobres nas redes sociais, começam a ser desmontadas as mentiras veiculadas pelas assessorias de imprensa das polícias em conluio com uma imprensa desqualificada e adepta de soluções fáceis e apurações "por telefone".

Esse é o caminho e o legado deixados pelas tantas mortes de Amarildos, Cláudias, Douglas, Eduardos de Jesus. "Nossos mortos têm voz", dizem as Mães de Maio. Cada vez mais.

# As lógicas do extermínio
## João Alexandre Peschanski e Renato Moraes

A polícia brasileira mata, em massa.

Essa frase assustadoramente trivial remete, do ponto de vista histórico, à reportagem de fôlego de Caco Barcellos sobre a Rota[1] – a força policial de elite em São Paulo, que mata mais do que a Guerra do Vietnã – e aos macabros indicadores atuais desse tipo de crime, afinal "policiais militares do Estado de São Paulo mataram uma pessoa a cada 9 horas e 46 minutos, em média, durante o ano de 2014"[2].

Os índices, quando apresentados em formato agregado, podem dar a errônea impressão de que a violência dos policiais é um fenômeno uniforme, isto é, espraiado de modo proporcional por áreas, setores, indivíduos. A suposta uniformidade da ação é reforçada pelo perfil, este, sim, característico das vítimas: homens, pobres, negros e jovens. Mas a identidade dos exterminados não estabelece automaticamente a dos agentes, e é sobre isso que tratamos neste curto ensaio.

---

[1] Caco Barcellos, *Rota 66: a história da polícia que mata* (São Paulo, Globo, 1992).
[2] André Caramante, "PMs de São Paulo matam uma pessoa a cada 10 horas", *Ponte*, 10 fev. 2015.

## 62 | Bala perdida

Quando um policial mata, não é a polícia como um todo ou o Estado enquanto tal que mata. Pelo menos na perspectiva sociológica, corporações e Estados não puxam gatilhos, não estupram nem torturam. Pessoas que agem em nome das instituições cometem o que se costuma designar violências do Estado. A indefinição clara do agente dessas violências esconde as razões e as formas dos crimes policiais.

Tirar a vida de alguém é necessariamente um ato extremo, e isso deve ser um pressuposto para entender as violências ditas do Estado. Eduardo de Jesus Ferreira, 10 anos, assassinado em 2 de abril de 2015 por disparos de fuzil, supostamente por policiais militares ligados à Unidade de Polícia Pacificadora (UPP), no Complexo do Alemão, Rio de Janeiro[3]. Jurema Cristiane Bezerra da Silva, 39 anos, assassinada em 22 de março de 2015 por um policial militar em São Paulo, aparentemente no contexto de desavenças pessoais e uma briga judicial pela propriedade de um imóvel[4]. Ambos os casos exigem, para uma sociologia da violência de policiais densa, a identificação das condições objetivas e subjetivas peculiares em que, entre outras coisas, o sentido da vida, pelo menos da vítima, tem baixa relevância moral e a arma letal está disponível. São as bases materiais para um processo mais complexo, a sequência de ações que culminou no assassinato, que precisa ser investigado a partir das configurações de decisão e interesse dos perpetradores das violências.

A investigação das decisões e dos interesses dos agentes distancia-se de pelo menos dois pressupostos analíticos comuns na literatura sobre violência dita do Estado: o da personalidade autoritária e o da coesão institucional. Aquele diz respeito a buscar em atributos psíquicos dos perpetradores a explicação para as violências. Nessa linha, é clássica a hipótese de Theodor Adorno e colaboradores de que os vários extermínios no nazismo – judeus, homossexuais, ciganos – dependeram em parte de uma suposta "personalidade autoritária" dos oficiais nazistas, isto é, de características psíquicas fundamentais e específicas que os tornaram propensos a agir com alto grau de monstruosidade. As características incluíam, de acordo com esses autores, o convencionalismo, a submissão, a estereotipia e o anti-intelectualismo[5]. A violência dos agentes do

---

[3]  Mário Magalhães, "Se o menino Jesus, 10, fosse morto em Ipanema, haveria comoção nacional" e "PMs ocultaram provas do assassinato do menino Jesus, testemunham moradores", *Blog do Mário Magalhães*, 4 e 7 abr. 2015.

[4]  Paulo Eduardo Dias, "PM que matou advogada havia sido denunciado por ameaças à vítima", *Ponte*, 26 mar. 2015.

[5]  Theodor Adorno et al., *The Authoritarian Personality* (Nova York, Harper & Row, 1950).

Estado resultaria, nesse sentido, de características inerentes e, assim, haveria uma associação entre o extremismo da personalidade autoritária e a violência dos agentes.

O perpetrador do extermínio nazista aparece não como um monstro, mas como um bufão e burocrata, pelo menos no perfil de um dos oficiais nazistas, Adolf Eichmann, escrito por Hannah Arendt[6]. Num tribunal em Jerusalém, nos anos 1960, Eichmann, julgado por sua participação na "Solução Final", não indica a coerência esperada de um ator autoritário e monstruoso. "Apesar de todos os esforços da promotoria, todo mundo percebia que esse homem não era um 'monstro', mas era difícil não desconfiar que fosse um palhaço"[7], também um ser contraditório, de discurso vazio, até ingênuo, sem maldade extraordinária, um fracassado aos olhos de todos. Para a autora de *Eichmann em Jerusalém*, a rede de incentivos administrativos e as relações burocráticas influenciaram decisivamente os extermínios nazistas.

A construção do monstro reaparece na literatura sobre violência institucional, porém, agora, é às vítimas que se atribui esse papel. O psicólogo Jacques Sémelin afirma que massacres e violências contra um grupo-alvo ("o Outro") resultam de uma crise coletiva em uma população ("o Self"), levada a reconstruir seu imaginário – no sentido da "imagem refletida" em Lacan, a imago – e a designar o Outro como responsável pela crise[8]. No filme *Hotel Ruanda* (2004), que se passa na capital ruandesa, Kigali, testemunha-se a reconstrução da mentalidade e a ressignificação histórica que sustenta o genocídio de 1994. Um grupo conhecido como hútu, uma etnia artificialmente constituída a partir da colonização, começa a perseguir e assassinar outro suposto grupo, os tútsis, até então seus vizinhos, agora transformados em responsáveis pela crise política em Ruanda. Um locutor de rádio hútu revela no início do filme: "Se me perguntam por que odeio os tútsis, digo 'Leia nossa história'. Os tútsis se aliaram aos colonos belgas. Roubaram nossas terras hútus e nos açoitaram. Agora, os rebeldes tútsis voltaram. São baratas. São assassinos. Ruanda é a terra dos hútus. Somos a maioria. [...] Esteja alerta. Vigie seus vizinhos". Nessa linha, o grupo tido como responsável é diminuído a ponto de perder a identidade e a pureza, tornando-se não humano.

---

[6] Hannah Arendt, *Eichmann em Jerusalém: um relato sobre a banalidade do mal* (trad. José Rubens Siqueira, São Paulo, Companhia das Letras, 1999).

[7] Ibidem, p. 156-7.

[8] Jacques Sémelin, *Purificar e destruir* (Rio de Janeiro, Difel, 2009).

O ponto fraco da linha psicanalítica *à la* Sémelin é sugerir uma noção orgânica e coerente do Self, como se houvesse certa homogeneidade na receptividade da mentalidade exterminadora entre uma população. Se a sugestão é que toda uma população (ou a maioria dela) está sujeita à reconstrução do imaginário e, portanto, é perpetradora de violência em potencial, a teoria torna-se necessariamente fantasiosa. O argumento sobre a desumanização da vítima, entretanto, é um ganho analítico fundamental na literatura da violência institucional. A negação da humanidade refere-se a expurgar a vítima ou a vítima em potencial de seu acesso a respeito e direitos – "bandido bom é bandido morto", justifica o exterminador brasileiro ou seu apologeta. A desumanização é promovida a discurso público, no sentido de que "a única maneira de sair vitorioso em uma guerra é exterminando os inimigos", vistos como alheios a laços de solidariedade, empatia e dignidade. A alienação do inimigo torna-se política e é celebrada, "sangue nos olhos", nas redes sociais restritas da Polícia Militar[9].

Fundamental na análise sobre violência institucional, a desumanização precisa ser entendida como um processo relacional e uma produção social. A abordagem relacional[10] põe o foco não nas características intrínsecas dos exterminadores, mas no sistema de relações em que os perpetradores de violências estão inseridos. As redes sociais restritas da PM não veiculam uma ideologia totalmente constituída, ressoando em características individuais propensas a adotá-la como missão, produzem e reproduzem as relações sociais que garantem a continuidade da violência policial, mesmo quando e se os policiais são não monstros, pessoas relativamente comuns. O extermínio, quando se sustenta em eficaz engenharia, produz-se com personalidades do dia a dia, seres não extraordinários, desde que submetidas a condições específicas de atuação.

Rituais de iniciação à cultural policial – em que a violência se torna paulatinamente aceita ou pelo menos não questionada –, cadeias de comando altamente verticalizadas associadas a fortes lealdades com agentes de mesma patente, excitação coletiva na atividade rotineira[11]. Cada um desses elementos

---

[9] Bruno Paes Manso, "Homicídios, promessas de vingança, medo e o recorde da violência policial em SP pós-Whatsapp", *Vice*, 1º abr. 2015.

[10] Cf. Zygmunt Bauman, *Modernidade e holocausto* (trad. Marcus Penchel, Rio de Janeiro, Jorge Zahar, 1998), especialmente o capítulo 6, que, a partir do experimento de Stanley Milgram sobre a obediência, revela engenharias que levam pessoas comuns a se tornar criminosas em potencial.

[11] A excitação é a marca da atividade policial. A adrenalina e a efervescência de grupo podem levar ao culto da violência e ao desprendimento da realidade e das consequências dos atos. Isso fica claro no vídeo de um policial que acaricia seu fuzil, o qual ele chama de "neném" que "vai

potencializa a transformação de um agente policial em um exterminador. O lema "bandido bom é bandido morto" não se resume a uma ideologia simplória, que inconscientes perigosos difundiriam, mas é o discurso visível de um processo de construção social do extermínio.

Não se sugere aqui que o extermínio da população masculina, pobre, jovem e negra seja uniformemente produzido. São raros os casos em que assassinatos em massa ocorrem a partir de um plano, como se desenhado por um grupo relativamente pequeno de lideranças políticas e militares poderosas, que instruiria à cadeia de comando o comportamento que deve desempenhar[12]. Raros, tais casos de coesão institucional não podem tornar-se uma base para entender as lógicas do extermínio, até porque não dão conta de variações na realização da violência e desconsideram custos de agência, problemas de principal-agente[13] e autonomias relativas mesmo nas estruturas mais autoritárias.

A prática exterminadora depende de situações específicas em que o agente do extermínio avalia custos e benefícios. Casos históricos diversos ensejaram uma gama de teorias sobre as características daquilo que é avaliado: confiabilidade da informação sobre riscos[14], impacto midiático e internacional[15] e extração de recursos e propriedades[16]. O entendimento da violência policial no Brasil passa necessariamente pela economia política. Por um lado, o extermínio só é racionalmente possível e politicamente aceito quando a vida é supérflua. É a vida do "bandido", que não tem valor porque ele é bandido e que é bandido porque sua vida não tem valor. Economicamente, é irracional a eliminação da força de trabalho empregada e produtiva, sobretudo quando há relativamente escassa possibilidade de substituição; no caso dos inativos e dos improdutivos, a eliminação, aos olhos da economia, é sempre possível, o

---

cantar pro bandido *mimir*", em "Em vídeo, PM acaricia fuzil e diz que 'bala vai comer'", *Portal Fórum*, 6 abr. 2015.

[12] Cf. Benjamin Valentino, *Mass Killing and Genocide in the 20th Century* (Ithaca, Cornell University Press, 2004).

[13] Do inglês, *principal-agent problem*. É uma expressão que diz respeito a situações em que, pela própria estrutura de poder, a informação do comando é alterada por aquele que deve cumprir o comando, porque interpreta a ordem a partir de seus interesses e cálculo de riscos.

[14] Stathis N. Kalyvas, *The Logic of Violence in Civil War* (Cambridge, Cambridge University Press, 2006).

[15] James Ron, *Frontiers and Ghettos: State Violence in Serbia and Israel* (Berkeley, University of California Press, 2003).

[16] Elisabeth J. Wood, *Insurgent Collective Action and Civil War in El Salvador* (Cambridge, Cambridge University Press, 2003).

66 | Bala perdida

que, em geral, está associado ao baixo nível de visibilidade e questionamento na mídia. O policial que puxa o gatilho leva em consideração, em alguma medida, as circunstâncias contextuais que geram o valor da vida, que, no Brasil, "não tem tanto valor quanto seu celular, seu computador"[17]. Por outro lado, os próprios interesses materiais do policial precisam ser levados em conta na equação do extermínio no país. O não valor contribui para gerar a indiferença, a perspectiva de que um ganho, qualquer ganho, um trocado, aumenta a probabilidade da violência. O deputado estadual do Rio de Janeiro Marcelo Freixo denunciou, há quase dez anos, a participação de policiais militares em milícias, disputando o controle territorial e a extorsão de recursos da população dos morros cariocas. A ficção realista *Tropa de elite* (2007) descreve o envolvimento de agentes policiais na distribuição de armas a traficantes. Há casos e mais casos de PMs denunciados por agir a mando de traficantes, que os sustentavam. A pergunta que todo ato de extermínio carrega, que toda identificação de regularidade de área, setor ou indivíduo exige, é: quem ganha com as mortes em massa perpetradas pela polícia brasileira?

---

[17] Racionais MCs, "Diário de um detento", CD *Sobrevivendo no inferno* (São Paulo, Cosa Nostra, 1997).

# O bumerangue de Foucault: o novo urbanismo militar*

Stephen Graham

No dia 4 de fevereiro de 1976, Michel Foucault assumiu cautelosamente o pódio em uma conferência lotada no Collège de France, no Quartier Latin, em Paris. Ministrando a quinta de uma série de onze conferências intituladas "Il faut défendre la société" [É preciso defender a sociedade], Foucault voltou sua atenção pela primeira vez às relações entre as sociedades ocidentais e as demais. Aventurando-se para além de suas lendárias "reteorizações" de como o conhecimento, o poder, a tecnologia e o espaço geográfico se combinam para sustentar o desenvolvimento das ordens sociais modernas das sociedades ocidentais, fez uma rara incursão nas discussões acerca do colonialismo.

Em vez de simplesmente sublinhar a história através da qual os poderes europeus haviam colonizado o mundo, a abordagem de Foucault foi mais

---

* Esta é uma versão que reúne excertos de dois artigos do autor: "Foucault's Boomerang: the New Military Urbanism", *Development Dialogue*, n. 58, Upsala, The Dag Hammarskjöld Foundation, abr. 2012, e "The New Military Urbanism", em James Tyner e Joshua Inwood (orgs.), *Nonkilling Geography* (Honolulu, Center for Global Nonkilling, 2011). A edição e a tradução para o português são de Artur Renzo. (N. E.)

# 68 | Bala perdida

inovadora: explorou como a formação das colônias envolveu uma série de experimentos políticos, sociais, legais e geográficos que, por sua vez, eram frequentemente reimportados ao Ocidente, num processo que ele – possivelmente valendo-se do famoso trabalho de Hannah Arendt sobre o totalitarismo – chamou de "efeitos bumerangue". Dizia Foucault:

> Nunca se deve esquecer que a colonização, com suas técnicas e suas armas políticas e jurídicas, transportou, claro, modelos europeus para outros continentes, mas que ela também teve numerosas repercussões sobre os mecanismos de poder no Ocidente, sobre os aparelhos, as instituições e as técnicas de poder. Houve toda uma série de modelos coloniais que foram trazidos para o Ocidente e que fez com que o Ocidente pudesse praticar também em si mesmo algo como uma colonização, um colonialismo interno.[1]

Tais "efeitos bumerangue" diziam respeito ao ordenamento da vida de populações na metrópole e no exterior – o que Foucault chamava de "biopoder" e "biopolítica" –, não à proteção do território soberano por si só. O autor não chegou a detalhá-los e raramente voltou a tocar no tema do colonialismo e do pós-colonialismo. No entanto, essa ideia de efeito bumerangue colonial é poderosa porque aponta para além das noções tradicionais de colonização, no sentido de pensar uma via dupla na circulação de ideias, técnicas e práticas de poder entre os núcleos metropolitanos dos poderes coloniais e os espaços das periferias colonizadas.

Da famosa prisão panóptica, passando pela reestruturação radical de Paris levada a cabo pelo barão Haussmann por bulevares propícios à vigilância, à adoção da impressão digital, muitas das grandes transformações nas cidades europeias do século XIX já haviam passado por cidades e periferias coloniais. Cidades e espaços colonizados também forneciam as zonas de experimentação onde as potências ocidentais puderam testar e aperfeiçoar técnicas como o bombardeio aéreo, o encarceramento em massa em campos de concentração e o extermínio genocida, que lançaram as bases fundamentais para o domínio totalitário e a guerra total na Europa no século XX.

Em um mundo em que guerras totais de Estado *versus* Estado são cada vez mais raras – ao menos por enquanto –, vemos uma proliferação de

---

[1]  Michel Foucault, "Aula de 4 de fevereiro de 1976", em *Em defesa da sociedade: curso no Collège de France (1975-1976)* (trad. Maria Ermantina Galvão, 3. ed., São Paulo, WMF Martins Fontes, 2010), p. 120-1.

conflitos entre violência política estatal e todo tipo de insurgências, redes e combatentes não estatais. Com o planeta se urbanizando em uma velocidade sem precedentes, um novo e insidioso conjunto de efeitos bumerangue está permeando as cidades e a vida urbana na forma de um novo urbanismo militar.

Drones israelenses designados para subjugar verticalmente e alvejar palestinos agora são usados por forças policiais nos Estados Unidos, na Europa e na Ásia oriental. A expertise israelense em controle populacional é regularmente procurada por quem planeja as operações de segurança de feiras internacionais ou megaeventos esportivos. Por sua vez, tecnologias *shoot to kill* [atirar para matar], desenvolvidas para confrontar os riscos de homens-bomba em Tel Aviv e Halifa, têm sido adotadas por forças policiais em cidades ocidentais (processo que levou ao assassinato do brasileiro Jean Charles de Menezes pela polícia antiterrorista londrina, em 22 de julho de 2005).

Enquanto isso, policiamento agressivo e militarizado contra manifestações públicas e mobilizações sociais em Londres, Toronto, Paris e Nova York agora utilizam as mesmas "armas não letais" que o Exército de Israel em Gaza ou Jenin. Delimitação de "zonas de segurança" em torno dos núcleos financeiros estratégicos de Londres e de Nova York aproveitam as técnicas usadas na Zona Verde de Bagdá. Muitas das técnicas usadas para fortificar enclaves em Bagdá ou na Margem Oeste são vendidas mundo afora como "soluções securitárias" de ponta e com eficácia "comprovada em combate" por coalizões corporativas atravessando Israel, Estados Unidos e outras companhias e Estados.

As próprias imaginações da vida urbana em zonas colonizadas transbordam para as cidades centrais, pois tal efeito bumerangue, unindo as doutrinas securitárias e militares das metrópoles ocidentais às das periferias coloniais, encontra aporte na geografia cultural baseada em discursos da direita e da ultradireita política, junto com os dos comentaristas beligerantes mais linha-dura situados no interior dos próprios quadros militares ocidentais. Neles, as cidades tendem a figurar como espaços intrinsecamente problemáticos – locais que concentram atos de subversão, resistência, mobilização, dissenso e protesto, desafiando Estados de segurança nacional. Na verdade, pode-se dizer que a transposição de tropos coloniais e exemplares securitários sobre as metrópoles pós-coloniais dos núcleos capitalistas é alimentada por um novo "orientalismo intraurbano" em que se projeta, por exemplo, uma imagem dos distritos imigrantes no interior das cidades

## 70 | Bala perdida

ocidentais como zonas "atrasadas" que ameaçam o corpo político da cidade e da nação ocidental[2].

De fato, o amálgama desenhado pela direita contemporânea entre terrorismo e migração é tão forte que simples fluxos migratórios são frequentemente tratados como pouco mais que atos bélicos. Esse deslocamento discursivo tem sido chamado de "armificação" (*weaponization*) da migração[3] – quando a ênfase em obrigações morais de oferecer hospitalidade a refugiados se transforma em criminalização ou pura desumanização dos corpos dos imigrantes, que passam a ser vistos como armas contra as bases supostamente homogêneas e etnonacionalistas do poder nacional.

Aqui nos Estados Unidos, os recentes debates sobre guerra "assimétrica", "irregular" ou de "baixa intensidade", nos quais nada pode ser definido fora das ilimitadas e intermináveis definições de violência política, encontram o crescente clamor de demonização por comentaristas de direita e extrema-direita das cidades diaspóricas e cada vez mais cosmopolitas. Samuel Huntington, levando adiante sua tese de "choque de civilizações", chegou a argumentar que o próprio tecido do poder e da identidade nacional dos Estados Unidos se encontrava sob ameaça não apenas por conta do terrorismo islamista global, mas porque grupos não brancos e especialmente latinos estão colonizando e dominando áreas metropolitanas no país[4].

É crucial salientar que, junto com essa reconfiguração das geografias imaginárias e ideológicas das cidades, há uma nova economia política securitária em rápida expansão. Ela abarca complexos industriais transnacionais que se alastram fundindo empresas dos ramos securitário e militar com empresas de tecnologia, vigilância e entretenimento; um amplo espectro de consultorias e indústrias que vendem soluções de segurança como balas de prata para problemas sociais complexos; e uma complexa massa de pensadores de segurança e de militarização que agora defendem que a guerra e a violência política estão amplamente centradas nos espaços e nos circuitos do cotidiano urbano.

---

[2] Sally Howell and Andrew Shryock, "Cracking Down on Diaspora: Arab Detroit and America's 'War on Terror'", *Anthropological Quarterly*, v. 76, n. 3, 2003, p. 443-62. Disponível em: <http://www.nyu.edu/steinhardt/e/pdf/humsocsci/mias/readings07/71.pdf>.

[3] Cato, "The Weaponization of Immigration", *Center for Immigration Studies*, fev. 2008. Disponível em: <http://cis.org/weaponization_of_immigration.html>.

[4] Samuel P. Huntington, *Who Are We?: The Challenges to America's National Identity* (Nova York, Simon & Schuster, 2005).

A proliferação de guerras sustentando mobilização permanente e vigilância preemptiva e ubíqua no interior e para além das fronteiras territoriais evidencia que, como assinalou Giorgio Agamben, o imperativo de "segurança" agora "se impõe como princípio básico da atividade estatal"[5]. Nesse cenário de crescente contaminação do ideário securitário sobre todos os aspectos das políticas públicas e da vida social, esses complexos industriais trabalham juntos nas altamente lucrativas empreitadas de alvejar perpetuamente atividades cotidianas, espaços e comportamentos nas cidades e seus arredores.

Em meio ao colapso econômico global, essas ditas indústrias de "segurança interna" – às vezes mais precisamente denominadas, por parte de observadores mais críticos, "indústrias de pacificação" – estão em alta. As taxas de crescimento do ramo chegam a variar entre 5% e 12% ao ano. Não é à toa que os complexos securitários industriais florescem em paralelo com a difusão de noções fundamentalistas de mercado a respeito da organização social, econômica e política da vida. As hiperdesigualdades, a militarização e a securitização urbanas sustentadas pelo neoliberalismo se retroalimentam. E, com o abrandamento dos monopólios estatais sobre a violência e a proliferação de corporações militares privadas e mercenárias, esse processo torna-se ainda mais evidente[6]. Aqui também é difícil não encontrar, tanto nas zonas de guerra quanto nas metrópoles centrais, as mesmas constelações de multinacionais de "segurança" responsáveis pela venda, pelo estabelecimento e pela administração das técnicas e das práticas do novo urbanismo militar.

Em tempos de colapso econômico, o rápido crescimento global nos mercados de segurança *high-tech* está fornecendo um importante impulso a cidades financeiras. Muito frequentemente, como foi o caso com as novas políticas de segurança da União Europeia, Estados ou blocos supranacionais chegam a implementar estratégias *high-tech* e militarizadas de rastreamento de imigrantes ilegais – não porque elas configuram necessariamente as melhores formas de enfrentar suas preocupações securitárias, mas porque tais políticas têm o

---

[5]   Giorgio Agamben, "Security and Terror", *Theory and Event*, v. 5, n. 4, 2002, p. 2.

[6]   Segundo um levantamento de 2005 sobre esse mercado em rápida expansão de corporações militares privadas, em 2010 tais grupos mercenários já estariam recebendo uma bagatela de 202 bilhões de dólares só do Estado norte-americano. Fred Schreier e Marina Caparini, *Privatising Security: Law, Practice and Governance of Private Military and Security Companies*, Geneva Centre for the Democratic Control of Armed Forces (DCAF), Occasional Paper n. 6, 2005.

# 72 | Bala perdida

potencial de estimular suas companhias de defesa, segurança ou tecnologia a fim de competir com a alta dos mercados em tecnologia de segurança.

Mas o foco urbano dessas economias políticas securitárias está ligado às próprias condições da cidade moderna globalizada – sua dependência de densas redes de infraestruturas, sua densidade e sua anonimidade –, as quais criam a possibilidade de violência contra ela e, sobretudo, *através* dela. A vida cotidiana urbana por toda parte é espreitada pela ameaça da interrupção: o apagão, o engarrafamento, o travamento da cidade, a conexão rompida, a falha técnica, o fluxo inibido, o aviso de "rede indisponível".

O resultado disso é que as infraestruturas cotidianas da vida urbana – viadutos, linhas metroviárias, redes de computador, sistemas hídricos e de saneamento, redes elétricas, linhas aéreas – podem ser facilmente sequestradas e transformadas em agentes de terror instantâneo, interrupção debilitante e até "desmodernização"[7]. Assim, arquiteturas e infraestruturas das cidades – estruturas e mecanismos que sustentam a vida urbana moderna – passam a ser apropriadas por aparatos militares estatais e combatentes não estatais como meios primários de travar guerra e reverberar violência política[8].

Talvez desde os tempos medievais não se visse todo um conjunto de ideias e técnicas de "segurança" e violência política investido tão pesadamente num projeto de (re)organização das arquiteturas e das experiências básicas da

---

[7] É importante salientar que, embora bastante reais e importantes, as ameaças de "terrorismo infraestrutural" não se comparam aos esforços muito menos visíveis de forças militares estatais para *alvejar* as infraestruturas essenciais que sustentam a vida urbana moderna. As forças estadunidenses e israelenses, por exemplo, desde 1991 trabalham sistematicamente para "desmodernizar" sociedades inteiras com a destruição dos sistemas básicos de suporte à vida e de infraestrutura de Gaza, da Margem Oeste, do Líbano ou do Iraque. Estados substituíram a guerra total contra cidades pela destruição sistemática de sistemas de água e eletricidade com armas desenhadas especialmente para esses fins – como bombas que produzem uma enxurrada de carretéis de grafite para curto-circuitar estações de eletricidade. O cerco devastador de Gaza por Israel desde que o Hamas foi eleito em 2006 transformou um denso corredor urbano, com 1,5 milhão de pessoas espremidas em uma área do tamanho da ilha de Wight, em um vasto campo prisional. No interior disso, mais fracos, idosos, crianças e doentes morrem invisivelmente em números estarrecedores, longe dos holofotes caprichosos da mídia hegemônica. O restante das pessoas é forçado a viver algo que se aproxima do que Giorgio Agamben chamou de "vida nua", uma existência biológica que pode ser sacrificada em qualquer momento por um poder colonial que mantém o direito de matar impunemente, mas que se isentou de toda responsabilidade moral, política ou humana diante da população. Stephen Graham, "Switching Cities Off: Urban Infrastructure and US Air Power", *City*, v. 2, n. 9, 2005, p. 170-92.

[8] Idem (org.), *Disrupted Cities: When Infrastructure Fails* (Nova York, Routledge, 2009).

vida urbana. É essa a extensão e o poder do novo urbanismo militar. Ele é sorrateiro e insidioso: seus circuitos e seus efeitos bumerangue operam para além do escrutínio democrático, minando assim os direitos democráticos de dissenso. Além disso, diversos elementos trabalham juntos para sorrateiramente constituir uma nova noção de vida urbana "normal". Isso baseia-se em vigilância preemptiva, criminalização do dissenso, evisceração de direitos civis e securitização obsessiva da vida cotidiana a fim de escorar sociedades crescentemente desiguais. O primeiro desafio para aqueles que lutam contra tais tendências, portanto, é demonstrar que elas não são inevitáveis – e saber acusá-las como elementos de um projeto mais amplo de fundamentalismo neoliberal de livre mercado que, embora totalmente fracassado e ilegítimo, continua pautando os rumos da vida em sociedade (ainda) sem um contendedor expressivo à altura.

# Duas chacinas em São Paulo – a mesma polícia, o mesmo governo
Maria Rita Kehl

### 1. A matança dos suspeitos – maio de 2006

Vamos falar sério: alguém acredita que a rebelião do PCC (Primeiro Comando da Capital) foi controlada pela polícia de São Paulo? As autoridades apresentaram aos cidadãos evidências de que pelo menos parte da poderosa quadrilha do crime organizado foi desbaratada? O sigilo dos celulares que organizaram, de dentro das prisões, a onda de atos terroristas nos estados de São Paulo, Paraná, Mato Grosso etc. foi quebrado para revelar os nomes de quem trabalhou para Marcos Camacho, o Marcola, fora da cadeia? Qual foi o plano de inteligência posto em ação para debelar a investida do terror iniciada no final de semana?

Alguém acredita que "voltamos à normalidade"? Ou, se voltamos – pois a vida está mais ou menos com a mesma cara de antes, só um pouco mais envergonhada –, de que normalidade se trata?

Uma normalidade vexada. Uma vez constatada a rapidez com que os capitalistas selvagens do tráfico de drogas desestabilizaram o cotidiano do estado mais rico do Brasil, não dá para esconder o fato de que nossa precária

## 76 | Bala perdida

tranquilidade depende integralmente da tranquilidade deles. Se os defensores da lei e da ordem não mexerem com seus negócios, eles não mexem conosco. Caso contrário, se seus interesses forem afetados, eles põem para funcionar imediatamente a rede de miseráveis a serviço do tráfico, conectada através de celulares *autorizados* pelo sistema carcerário (que outra explicação para a falta de bloqueadores e de detectores de metal nos presídios?) e tolerada pelo governador de plantão. No caso, o mesmo governador que, na hora do aperto, rejeitou trabalhar em colaboração com a Polícia Federal e, horas depois, negou ter feito acordos com os líderes do PCC. Na segunda-feira, nos telejornais, o governador Lembo nos fez recordar a retórica autoritária dos militares: "Nada a declarar", além de "Tudo tranquilo, tudo sob controle". E quanto aos 80 mortos (hoje são 115), governador? Ah, aquilo. Bem, aquilo foi um drama, é claro. Lamento muito. Mas pertence ao passado. Um passado que não para de incomodar: em 2014, o grupo das chamadas Mães de Maio, que até hoje lutam para enterrar seus filhos assassinados pela polícia de São Paulo, revelou que pelo menos 493 jovens foram executados nos dias consecutivos aos ataques do PCC.

A falta de transparência na conduta das autoridades e a desinformação proposital, que ajuda a semear o pânico na população, fazem parte das táticas autoritárias do atual governo de São Paulo. Quanto menos a sociedade souber a respeito da crise que nos afeta diretamente, melhor. Melhor para quem?

Na noite de segunda-feira, quando os paulistanos em pânico tentavam voltar mais cedo para casa, vi-me parada, em um dos muitos congestionamentos que bloquearam a cidade, ao lado de uma viatura policial; olhei o homem à minha esquerda e, pela primeira vez na vida, solidarizei-me com um policial. Vi um servidor público humilde, desprotegido, assustado. Cumprimentou-me com um aceno conformado, como quem diz "fazer o que, não é?". Pensei: ele sabe que está participando de uma farsa. Uma farsa que pode lhe custar a vida.

De repente, entendi uma parte, pelo menos uma parte, da já habitual truculência da polícia brasileira: eles *sabem* que arriscam a vida em uma farsa. Não me refiro aos salários de fome que facilitam a corrupção entre bandidos e policiais militares. Refiro-me ao combate ao crime e à proteção da população, que são a própria razão de ser do trabalho dos policiais. Se até eu, que sou boba, percebi a farsa montada para que a polícia fingisse controlar o terror que se espalhava pela cidade enquanto as autoridades negociavam respeitosamente com Marcolas e Macarrões, imagino a situação de meu companheiro de engarrafamento. Imagino a falta total de sentido do exercício arriscado de sua profissão. Imagino o sentimento de falta de dignidade desses que têm licença para matar os pobres, mas sabem que não podem mexer com os interesses dos ricos, nem mesmo dos que estão trancados em presídios de segurança máxima e restrições mínimas.

Mas é preciso trabalhar, tocar a vida, exercer o trabalho sujo no qual não botam fé nenhuma. É preciso encontrar suspeitos, enfrentá-los a tiros, mostrar alguns cadáveres à sociedade. Satisfazer nossa necessidade de justiça com um teatro de vingança. A esquizofrenia da condição dos policiais militares foi revelada por algumas notícias de jornal: encapuzados como bandidos, executam inocentes sem razão alguma para, a seguir, exibindo a farda, fingirem ter chegado a tempo de levar a vítima para o hospital.

Isso é o que alguns policiais militares (por que *militares*? Até quando vamos conviver com essa herança da ditadura?) fazem na periferia, nos bairros pobres onde também eles moram, onde o desamparo em relação à lei é mais antigo e mais radical do que nas regiões centrais da cidade. Nas ruas escuras das periferias, os policiais cumprem seu dever de vingança e atiram no entregador de pizza. Atiram no menino que esperava a noiva no ponto de ônibus ou nos anônimos que conversam desprevenidos numa esquina qualquer. No motoboy que fugiu assustado – *Quem mandou fugir? Alguma ele fez...* Não percebem – ou percebem? – que o arbítrio e a truculência com que tratam a população pobre contribui para o prestígio dos chefes do crime, que às vezes se oferecem às comunidades como única alternativa de proteção.

Assim a polícia vem "tranquilizando" a cidade ao apresentar um número de cadáveres "suspeitos" superior ao número de seus companheiros mortos pelo terrorismo do tráfico. Suspeitos que não terão nem ao menos a sorte do brasileiro Jean Charles, cuja morte será cobrada da polícia inglesa porque dela se espera que não execute sumariamente os cidadãos que aborda, por mais suspeitos que possam parecer. Não é o caso dos meninos daqui; no Brasil, ninguém, a não ser os familiares das vítimas, reprova a polícia pelas execuções sumárias de centenas de "suspeitos". Mas até mesmo os familiares têm medo de denunciar o arbítrio e sofrer retaliações.

Aqui, achamos melhor fingir que os suspeitos eram perigosos e que o assassinato deles é condição para nossa segurança. Deixemos Marcola em paz, pois ele só cuida de seus negócios. Negócios que, se legalizados, deixariam o campo de forças muito mais claro e menos violento (morre muito mais gente inocente na guerra do tráfico do que morreriam de overdose, se as drogas fossem liberadas – disso estou certa). Mas são negócios cujos lucros astronômicos dependem da ilegalidade. O crime é que compensa.

78 | Bala perdida

Então ficamos assim: o Estado negocia seus interesses com os de Marcola, um homem poderoso, fino, que lê Dante Alighieri e tem muito dinheiro. Deixa em paz os superiores de Marcola, que vivem soltos por aí, no Congresso, talvez, ou abrigados em algumas secretarias de governo. Deles, pelo menos, a população sabe o que pode e o que não pode esperar. E já que é preciso dar alguma satisfação à sociedade assustada, deixemos a polícia à vontade para matar suspeitos na calada da noite. Os policiais se arriscam tanto, coitados. Ganham tão pouco para servir à sociedade e podem tão pouco contra os criminosos de verdade. Eles precisam acreditar em alguma coisa, precisam de alguma compensação. Já que não temos justiça, por que não nos contentarmos com a vingança? Os meninos pardos e pobres da periferia estão aí pra isso mesmo. Para morrerem na lista dos suspeitos anônimos. Para serem executados pela polícia ou pelos traficantes. Para se viciarem em crack e se alistarem nas fileiras dos soldadinhos do tráfico. Para sustentar nossa ilusão de que os bandidos estão nas favelas e de que, do lado de cá, tudo está sob controle.

## 2. Resistência seguida de morte

Seis anos depois da matança indiscriminada de 2006, os jornais noticiaram mais uma chacina qualificada pelo comando da PM como "resistência seguida de morte"[1].

"Quem não reagiu está vivo", disse o governador de São Paulo ao defender a ação da Rota na chacina que matou nove supostos bandidos numa chácara em Várzea Paulista, no dia 12 de setembro de 2012. A seguir, tentando aparentar firmeza de estadista, garantiu que a ocorrência seria rigorosamente apurada. Eu me pergunto se é possível confiar na lisura do inquérito, quando o próprio governador já se apressou em legitimar o morticínio praticado pela PM que responde ao comando dele.

"Resistência seguida de morte", assim agentes das polícias militares, integrantes do Exército brasileiro e diversos matadores *freelance* justificavam as execuções de supostos inimigos públicos que militavam pela volta da democracia durante a ditadura civil militar, a qual oprimiu a sociedade e tornou o país mais violento, menos civilizado e muito mais injusto entre 1964 e 1985.

---

[1] É evidente que o intervalo de seis anos entre os dois episódios não significa que a polícia de São Paulo tenha passado todo esse tempo sem praticar nenhuma outra chacina "em nome da Lei" – o que seria, aos olhos dos paulistanos, um padrão quase europeu de polícia cidadã. A escolha desses dois episódios deve-se apenas ao fato de eu ter tido a oportunidade de escrever sobre eles.

Suprimida a liberdade de imprensa, criminalizadas quaisquer manifestações públicas de protesto, o Estado militarizado teve carta branca para prender sem justificativa, torturar e matar cerca de 400 estudantes, trabalhadores e militantes políticos (dentre os quais, 141 permanecem desaparecidos e outros 44 nunca tiveram o corpo devolvido às famílias[2] – tema atual de investigação pela Comissão Nacional da Verdade). Esse número, por si só alarmante, não inclui os massacres de milhares de camponeses e índios em regiões isoladas e cuja conta ainda não conseguimos fechar. Mais cínicas do que as cenas armadas para aparentar trocas de tiros entre policiais e militantes cujo corpo era entregue totalmente desfigurado às famílias, foram os laudos que atestavam os inúmeros falsos "suicídios". A impunidade dos matadores estava tão garantida que não se preocupavam em justificar as marcas de tiros pelas costas, as pancadas na cabeça e os hematomas em várias partes do corpo de prisioneiros "suicidados" sob sua guarda.

Quando o Estado, que deveria proteger a sociedade a partir de suas atribuições constitucionais, investe-se do direito de mentir para encobrir seus próprios crimes, ninguém mais está seguro. Engana-se a parcela das pessoas de bem que imagina que a suposta "mão de ferro" do governador de São Paulo seja o melhor recurso para proteger a população trabalhadora. Quando o Estado mente, a população já não sabe mais a quem recorrer. A falta de transparência das instituições democráticas – qualificação que deveria valer para todas as polícias, mesmo que no Brasil ainda permaneçam como militares – compromete a segurança de todos os cidadãos.

Vejamos o caso da última chacina cometida pela PM paulista, cujos responsáveis o governador de São Paulo se apressou em defender. Não é preciso comentar a bestialidade da prática, já corriqueira no Brasil, de invariavelmente só atirar para matar – frequentemente, com mais de um tiro. Além disso, a justificativa apresentada pelo governador tem pelo menos uma óbvia exceção. Um dos mortos foi o suposto estuprador de uma menor de idade, que acabava de ser julgado pelo "tribunal do crime" do PCC na chácara de Várzea Paulista; não faz sentido imaginar que os bandidos tivessem se esquecido de desarmar o réu Maciel Santana da Silva, que foi assassinado junto com os outros supostos resistentes. Aliás, o "tribunal do crime" acabara de inocentar acusado: o

---

[2]  Segundo a lista de desaparecidos publicada em Vladimir Sacchetta (coord.), *Habeas corpus: que se apresente o corpo. A busca dos desaparecidos políticos no Brasil* (Brasília, Secretaria de Direitos Humanos, 2010).

# 80 | Bala perdida

senso de justiça da bandidagem nesse caso está acima do da PM e do próprio governo do Estado. Maciel Santana morreu desarmado. E, apesar da ausência total de marcas de tiros nos carros da PM, assim como de mortos e feridos do outro lado, o governador não se vexa em utilizar a mesma retórica covarde dos matadores da ditadura – "resistência seguida de morte" em versão atualizada é "quem não reagiu está vivo".

Ora, do ponto de vista do cidadão desprotegido, qual é a diferença entre a lógica do tráfico, do PCC e da política de Segurança Pública do governo do Estado de São Paulo? Sabemos que, depois da onda de assassinatos de policiais a mando do PCC, em maio de 2006, 168 jovens foram executados na rua pela polícia[3], entre chacinas não justificadas e casos de "resistência seguida de morte", numa ação de *vendetta* que não faria vergonha à Camorra. Muitos corpos não foram até hoje entregues às famílias e jazem insepultos por aí, tal como aconteceu com jovens militantes de direitos humanos assassinados e desaparecidos no período militar. Resistência seguida de morte, não: tortura seguida de ocultação do cadáver.

Desde janeiro de 2012, escreveu Rogério Gentile[4], a PM da capital matou 170 pessoas, um número 33% maior do que os assassinatos da mesma ordem em 2011. O crime organizado, por sua vez, executou 68 policiais. Quem está seguro nessa guerra em que as duas partes agem fora da lei? As pesquisadoras norte-americanas Kathryn Sikkink e Carrie Booth Walling[5] revelaram que o Brasil foi o único país da América Latina em que o número de assassinatos cometidos pelas polícias militares aumentou, em vez de diminuir, depois do fim da ditadura civil militar. Mudou o perfil socioeconômico dos mortos, torturados e desaparecidos, diminuiu o poder das famílias em mobilizar autoridades para conseguir justiça, mas a mortandade continua, e a sociedade brasileira descrê da democracia.

Hoje os supostos maus policiais talvez sejam minoria, e não seria difícil apurar suas responsabilidades se houvesse vontade política do governo. No caso do terrorismo de Estado praticado no período investigado pela CNV, mais importante do que revelar os já conhecidos nomes de agentes policiais

---

[3]   Dados do Movimento Independente Mães de Maio, *Mães de Maio, mães do cárcere: a periferia grita* (São Paulo, Nós por Nós, 2012).

[4]   Rogério Gentile, "Violência", *Folha de S.Paulo*, 12 set. 2013.

[5]   Ver Kathryn Sikkink e Carrie Booth Walling, "The Impact of Human Rights Trials in Latin America", *Journal of Peace Research*, v. 44, n. 4, 2007, p. 427-45. Disponível em: <http://www.unc.edu/~fbaum/teaching/articles/J-Peace-Research-2007-Sikkink.pdf>.

que se entregaram à barbárie de torturar e assassinar prisioneiros indefesos é nomear toda a cadeia de mando acima deles. Se a tortura aos oponentes da ditadura foi acobertada, quando não consentida ou ordenada por autoridades do governo, o que pensar das chacinas cometidas em plena democracia, quando governadores empenham sua autoridade para justificar assassinatos cometidos pela polícia sob seu comando? Como confiar na seriedade da atual investigação conduzida depois do veredicto do governador Alckmin, desde logo favorável à ação da polícia?

Qual lisura se pode esperar das investigações de graves violações de direitos humanos cometidas hoje por agentes do Estado, quando a eliminação sumária de supostos criminosos pelas PMs segue os mesmos procedimentos e goza da mesma impunidade das chacinas cometidas por quadrilhas de traficantes? O inquietante paralelismo entre as ações da polícia e dos bandidos põe a nu o desamparo de toda a população civil diante da violência, que tanto pode vir dos bandidos quanto da polícia. "Chame o ladrão", cantava o samba que Chico Buarque compôs sob o pseudônimo de Julinho da Adelaide. Hoje "os homens" não invadem mais as casas de cantores, professores e advogados, mas continuam a arrastar moradores "suspeitos" das favelas e das periferias para fora dos barracos, ou a executar garotos reunidos para fumar um baseado nas esquinas das periferias das grandes cidades. Do ponto de vista da segurança pública, esse tiro sai pela culatra. "Combater a violência com mais violência é como tentar emagrecer comendo açúcar", teria dito o grande psicanalista Hélio Pellegrino, morto em 1987.

E o que é mais grave: hoje, como antes, o Estado deixa de apurar tais crimes e, para evitar aborrecimentos, mente para a população. O que parece ser decidido em nome da segurança de todos produz o efeito contrário. O Estado, ao mentir, coloca-se acima do direito republicano à informação – portanto, contra os interesses da sociedade que pretende governar. O Estado, ao mentir, perde legitimidade – quem acredita nas "rigorosas apurações" do governador de São Paulo? Quem já viu algum resultado confiável de uma delas? Pensem no abuso da violência policial durante a ação de despejo dos moradores do Pinheirinho... O Estado mente e desampara os cidadãos, tornando a vida social mais insegura ao desmoralizar a lei. A quem recorrer, então?

A lei é simbólica e deve valer para todos, mas o papel das autoridades deveria ser o de sustentar, com transparência, a validade dela. O Estado que pratica *vendetta* como uma organização criminosa destrói as condições de sua própria autoridade, que, em consequência disso, passará a depender de mais e mais violência para se sustentar.

# Mães e familiares de vítimas do Estado: a luta autônoma de quem sente na pele a violência policial

Débora Maria da Silva e Danilo Dara
(Movimento Independente Mães de Maio)

Soubemos da iniciativa deste livro durante o lançamento da Comissão da Verdade da Democracia "Mães de Maio", em março de 2015, na Alesp, quando uma das companheiras falou ao público que, "*em decorrência* dos trabalhos impulsionados nos últimos anos pelas dezenas de comissões da verdade sobre a ditadura militar em todo o Brasil, o tema da atual violência policial estaria vindo à tona para o debate público".

Iniciamos com essa nota, pois acreditamos que ela seja emblemática de uma perspectiva que gostaríamos de, fraternalmente, questionar, deslocando o debate e a reflexão sobre a violência policial do âmbito acadêmico/universitário ou das instâncias estatais e paraestatais (supostamente, "não governamentais", mas, na realidade, de gestão) para o terreno em que a resistência popular cotidiana contra a *histórica violência policial* e a *crescente militarização das cidades contemporâneas* se dá na prática: as vilas, favelas, prisões, centros de medida "socioeducativa", bairros populares e redes comunitárias, onde *há muito tempo* não se fala de (e não se resiste a) outra coisa senão o poder punitivo cada vez

# 84 | Bala perdida

mais onipresente, que garante a perpetuação da opressão e da exploração históricas sobre o nosso povo. Uma resistência secular marcada por conhecimentos, estratégias e táticas cotidianas muito pouco presentes nos livros produzidos pelo chamado "meio intelectual" brasileiro – inclusive aquele hegemonizado pela esquerda mais ou menos marxista, de cujas páginas as histórias do povo negro, indígena e periférico passam em branco. Infelizmente, essa *ex-querda* de currículos que lattes-mas-não-mordem insiste em fingir que o problema não é com ela – e talvez não seja mesmo...

Infelizmente, tampouco os resultados práticos das comissões da verdade sobre a ditadura, apesar do sincero esforço de alguns de seus integrantes para ir além dos limites predeterminados pelos "donos" do poder de turno – inclusive no âmbito da questão indígena –, não deixaram de reproduzir essa lógica silenciadora (para quando ficou o acerto de contas com a verdade das vítimas dos Esquadrões da Morte?). Contribuíram, em suma, ainda muito pouco para o enfrentamento efetivo daquilo que é o *desafio mais importante da sociedade brasileira atual*: reverter o genocídio estatal que, no país, mata, aprisiona e tortura.

A nosso ver, a existência da coleção Tinta Vermelha e a iniciativa desta publicação específica sobre violência policial é decorrência da resistência popular que tem se manifestado nas ruas nos últimos anos, e não de qualquer comissão predeterminada pelos marcos e pelos objetivos ideológicos estatais; é reflexo da reação popular frente cada operação militar, cada nova chacina, cada novo caso de execução recente, como o de Amarildo, Ricardo ou Cláudia, reação que constitui a real potência emancipatória popular do *verdadeiro* Junho de 2013.

Feita essa ressalva, parabenizamos a iniciativa e agradecemos a Kim Doria e aos demais responsáveis pela publicação por terem nos convidado a contar "a história do movimento", "nossas experiências de lutas" e algumas de "nossas propostas concretas". Nós por nós.

\*

> "Pra quem vive na guerra, a paz nunca existiu."
>
> Racionais MC's

O Movimento Independente Mães de Maio é uma rede autônoma de mães, familiares e amigos de vítimas diretas da violência estatal, formada no estado de São Paulo a partir dos fatídicos Crimes de Maio de 2006, quando, em apenas uma semana (entre os dias 12 e 20 daquele mês), agentes policiais e grupos paramilitares de extermínio a eles ligados assassinaram mais de quinhentas pessoas (ou seja, mais do que o número oficial de mortos e desaparecidos durante os vinte anos de ditadura no Brasil), numa suposta resposta ao que, na grande mídia, se chamou à época de "ataques do PCC". Desde então, superando o trauma devastador inicial que se abateu sobre nossas famílias (e sempre ameaça paralisar-nos por completo), passamos a lutar cotidianamente contra o genocídio da população preta, pobre e periférica em todo o país (sempre que possível, demonstrando também solidariedade internacional). Foi a partir da dor e do luto gerados pela perda de filhos, familiares e amigos que nos encontramos, nos reunimos e passamos a caminhar juntas – com nosso exército libertador de filhos e filhas – e de forma independente: do luto à luta.

Nossa missão tem sido, por um lado, nos organizarmos em nossas comunidades, nossos espaços de trabalho, nos territórios do inimigo também, e em redes políticas locais, regionais ou interestaduais para tentar colocar freios efetivos na disseminada violência do Estado Policial e Penal, que se fortalece a cada dia em todo o país. Atualmente são cerca de 60 mil homicídios por ano no Brasil[1] (equivalente a duas ditaduras argentinas por ano!), sendo que grande parte desses assassinatos é sabidamente cometida por agentes ligados de forma direta ou indireta ao Estado. Some-se a isso as mais de 700 mil pessoas encarceradas hoje no país[2] – lembrando que as famílias também sofrem a prisão junto com seus entes queridos – e dezenas de milhares de crianças e adolescentes aprisionados por medidas supostamente socioeducativas, além da tortura cotidiana disseminada em cada abordagem policial nos becos, nas vielas e nas quebradas do Brasil afora. É contra esse sistema punitivo (penal e policial), racista e genocida, que a gente se levanta.

Nesse sentido, devemos muito à pioneira Rede de Comunidades e Movimentos Contra a Violência, do Rio de Janeiro, organização semelhante a nossa, formada em 2003-2004 por familiares de vítimas de operações policiais, chacinas e execuções sumárias nas favelas fluminenses, que a partir de

---

[1] Conforme o "Mapa dos Homicídios Ocultos no Brasil", do IPEA. Disponível em: <http://www.ipea.gov.br/portal/index.php?option=com_content&view=article&id=19232>.

[2] Conforme o "Diagnóstico de Pessoas Presas no Brasil", publicado pelo Conselho Nacional de Justiça (CNJ) em junho de 2014. Disponível em: <http://www.cnj.jus.br/images/imprensa/pessoas_presas_no_brasil_final.pdf>.

# 86 | Bala perdida

cada caso passaram a descer para o asfalto e a desafiar a militarização imposta nos morros. Desde o início de 2008, quando conhecemos esse pessoal da Rede Contra a Violência, da qual as ainda mais pioneiras Mães de Acari e alguns familiares da chacina da Candelária já faziam parte, passamos a caminhar lado a lado com elas, além de acompanharmos iniciativas semelhantes em outros estados, como a campanha Reaja ou Será Mort@, formada em 2005 contra o histórico genocídio negro na Bahia; a Frente Antiprisional das Brigadas Populares de Minas Gerais, criada a partir das ocupações urbanas da década de 2000 no estado mineiro; ou o Comitê Contra a Violência Policial de Goiás, desdobramento do massacre de Sonho Real, ocorrido num despejo em Goiânia também em 2005.

Sabemos, porém, que nossa luta se insere numa *longa tradição de resistência popular* iniciada neste território batizado por eles de Brasil (nome de uma mercadoria colonial) desde o momento em que o primeiro indígena foi massacrado nestas terras, ou que o primeiro africano foi sequestrado do outro lado do Atlântico Negro. Nós nos situamos historicamente nessa resistência de *longa duração*, atualizada nestes ditos "tempos democráticos", contra este *longo genocídio negro, indígena e popular, contra a classe trabalhadora destas terras*, genocídio cuja escala só aumentou e as técnicas apenas se aprimoraram no Brasil pós-ditatorial (sic).

*

"A construção histórica é dedicada à memória dos sem nome."

"A tradição dos oprimidos nos ensina que o 'estado de exceção' em que vivemos é, na verdade, a regra geral. Precisamos construir um conceito de história que corresponda a essa verdade. Nesse momento, perceberemos que nossa tarefa é originar um *verdadeiro* estado de exceção; com isso, nossa posição ficará mais forte na luta contra o fascismo. Este se beneficia da circunstância de que seus adversários o enfrentam em nome do progresso, considerado uma norma histórica. O assombro com o fato de que os episódios que vivemos no século XX 'ainda' sejam possíveis não é um assombro filosófico. Ele não gera nenhum conhecimento, a não ser o conhecimento de que a concepção de história da qual emana semelhante assombro é insustentável."*

---

\* Walter Benjamin, "Sobre o conceito de história", em *Obras escolhidas*, v. 1. *Magia e técnica, arte e política* (trad. Sergio Paulo Rouanet, São Paulo, Brasiliense, 1985), p. 226. (N. E.)

"[...] também os mortos não estarão em segurança se o inimigo vencer. E esse inimigo não tem cessado de vencer."*

Walter Benjamin

Nossas experiências de resistência e de luta, nossa missão cotidiana acabam se desdobrando em no mínimo duas vertentes: em primeiro lugar, *a necessidade imediata e premente*, confrontada dia após dia, de garantir – com os precários meios que temos à disposição de forma autônoma – a efetivação do direito à memória, à verdade, à justiça e à reparação plena para todas as vítimas (incluindo familiares) da violência do Estado brasileiro. Não há como escapar dos enormes desafios cotidianos que a devastação gerada pela morte de um familiar ou um amigo impõe sobre nossas vidas e de nossos companheiros. Por isso há de se ter ouvidos bem atentos (e muito respeito!) ao abordar a questão dessa luta por reparação, pois a devastação física, psíquica, moral e material a que somos acometidos todos os dias não é trivial, muito pelo contrário. É o mínimo que deveriam nos assegurar, e que nós fazemos questão de *arrancar como direito à (re)existência*.

Nosso dia a dia passa por fortalecer a rede de amparo mútuo, de escuta, de proteção; o incentivo para seguir firme; o apoio psicológico; o gingar dos medos e das paranoias – bem coladas à realidade –; o enfrentamento de humilhações diversas; não deixar a autoestima desmoronar; a sede de justiça (mistura de ódio, rancor e desejo de não repetição nem conosco nem com ninguém); a peregrinação por repartições burocráticas; a ajuda material quando faltam os arrimos da família; enfim, são questões muito duras e concretas, lidadas por nossa rede todo santo dia, sem ajuda de nenhuma instituição. Qualquer projeto de esquerda que se pretendesse sério no Brasil, hoje, deveria priorizar a construção de conhecimentos sobre como lidar melhor com essas questões, corriqueiras, em seus/nossos processos organizativos do cotidiano...

Por outro lado, há o desafio simultâneo de pensar formas alternativas e autônomas de organização e de resolução de conflitos que apontem, na prática, *para além das necessidades imediatas* e do horizonte rebaixado de expectativas que a realidade nos impõe, buscando construir (ou vislumbrar) *formas realmente emancipatórias, não punitivas e efetivamente livres de sociabilidade – portanto, anticapitalistas*. O que passa, fundamentalmente, pela consciência do papel e da contribuição específica que cada compa pode dar (com suas diversas trajetórias e formações), pela autocrítica constante e o combate permanente às formas de burocratização de nossas organizações. Para isso contamos com uma dinâmica

---

\* Ibidem, p. 224-5. (N. E.)

# 88 | Bala perdida

rede silenciosa de companheiros e companheiras, de coletivos e movimentos parceiros, com os mais diversos perfis, que fazem a contenção e garantem a retaguarda para que nós, mães e familiares, fiquemos na linha de frente, buscando caminhar e construir, junto com eles e com outros movimentos populares autônomos, horizontes além daqueles impostos pelo sistema atual. A construção de algo realmente novo passará, necessariamente, por essa teia silenciosa que vem sendo construída conjuntamente, nos últimos anos no Brasil, por uma série de coletivos, organizações e movimentos autônomos, antiburocráticos, antirracistas e anticapitalistas. No olho do furacão.

*

> "De aqui, de dentro da guerra,/ qualquer tropeço é motivo./ A morte olha nos olhos,/ te chama, te atrai, te cobiça.// De aqui, de dentro da guerra,/ não tem DIU nem camisinha/ que te proteja da estúpida/ reprodução/ da fome, da miséria,/ da ínfima estrutura/ que abafa o cantar das favelas,/ antigas senzalas modernas./ Cemitério Geral das pessoas.// De aqui, de dentro da guerra,/ eu grito pra ser ouvida./ De aqui, de dentro da guerra,/ eu me armo e policio.// De aqui, de dentro da guerra,/ é que eu protejo meus sonhos// pra não virar a cabeça,/ pra não virar a palavra,/ pra não virar estatísticas."
>
> Dinha, "De aqui, de dentro da guerra" (Parque Bristol, periferia de São Paulo, maio de 2006)

Afinal, quem mais está preocupado em recuperar a história, lutar por outras formas de justiça e, sobretudo, reparação e colocar freios efetivos à marcha fúnebre que não cessa de empilhar corpos de nosso povo durante essa *democracia das chacinas*? Nós nos propomos a isso, gritando, quebrando algemas, queimando emblemas, saindo às ruas e bolando táticas e estratégias junto aos demais coletivos autônomos de nosso povo. Encarar o monstrengo, pela *nossa autodefesa e ação direta*:

> Volta Redonda (1988); 42º DP (1989); Acari (1990); Matupá (1991); Carandiru (1992); Candelária e Vigário Geral (1993); Alto da Bondade (1994); Corumbiara e Nova Brasília (1995); Eldorado dos Carajás (1996); morro do Turano, São Gonçalo e favela Naval (1997); Alhandra e Maracanã (1998); Cavalaria e Vila Prudente (1999); Jacareí (2000); Caraguatatuba (2001); Castelinho, Jardim Presidente Dutra e Urso Branco (2002); Amarelinho, Via Show e Borel (2003); Unaí, Caju, praça da Sé e Felisburgo (2004); Baixada Fluminense

(2005); Crimes de Maio (2006); complexo do Alemão e Bauru (2007); morro da Providência (2008); Canabrava (2009); Vitória da Conquista e crimes de abril na Baixada Santista (2010); Praia Grande (2011); Pinheirinho, Saramandaia, Aldeia Teles Pires, crimes de junho, julho, agosto, setembro, outubro, novembro, dezembro (2012); Jardim Rosana, Revolta da Catraca, Vila Funerária, Maré, Itacaré, Onde está Amarildo?, Por que o senhor atirou em mim?, MC Daleste, Quem matou Ricardo? (2013); Pedrinhas, Campinas, Sapopemba, morro do Juramento, Somos todas Cláudias, DG Bonde da Madrugada, Parque Belém, Sorocaba, morro da Quitanda, favela Novo México, memória de Lua Barbosa, Belém, #QuemMatouBrunoRocha?, Cadê Davi Fiúza?, Mogi das Cruzes, execução no Jardim Ibirapuera (Thiago Vieira da Silva), caso Ruzivel Alencar (2014); Betim, execução do pequeno Patrick, Limoeiro, Cabula, Maré, Jardim São Luís, execução do pequeno Eduardo, Parelheiros, Pavilhão 9, São Carlos (2015)...

Qual será o próximo?

Somente a resistência em nossos bairros, locais de trabalho, delegacias e prisões e frente a cada novo dispositivo de controle, gestão institucional ou espaço de opressão imposto a nós, a busca incessante pela verdade (denunciando/protestando contra cada uma de suas versões oficiais), a reivindicação de formas alternativas de organização social, justiça e reparação e a *luta direta nas ruas* fazem frente a cada um dos novos episódios semelhantes a esses. Fazem frente ao futuro. Alimenta os ânimos, porém, saber que ao longo dos últimos nove anos de caminhada nossa luta autônoma direta – o barulho, o incômodo e até mesmo o preço que temos cobrado incansavelmente do Estado – certamente já poupou algumas vidas dos nossos, evitou novas torturas de "suspeitos" e garantiu muitos anos de liberdade para irmãos e irmãs imprescindíveis de nossa gente.

*

"Os nossos mortos têm voz!", lema do Movimento Independente Mães de Maio, 2015

Como este espaço é restrito, sugerimos, além dos dois livros que publicamos – *Do luto à luta*[3] e *Mães de Maio, mães do cárcere: a periferia grita*[4] –, que o

---

[3]  São Paulo, Nós por Nós, 2011.

[4]  São Paulo, Nós por Nós, 2012.

# 90 | Bala perdida

leitor busque na internet, em nosso site (www.maesdemaio.com) ou Facebook (www.facebook.com/maesdemaio), ou em sites realmente independentes, nos quais confiamos, como *Ponte Jornalismo, Passa Palavra, Desinformémonos, Periferia em Movimento, Justiça Global, Rede 2 de Outubro, Comitê Contra o Genocídio PPP* e *Desentorpecendo a Razão*, entre outros, maiores informações sobre as propostas concretas de nosso movimento e das redes das quais fazemos parte. Convites a ações não faltam. Podemos contar?

\*

"Quem sabe um dia, daqui cinquenta anos talvez, alguém irá se lembrar do Vander, da Martinha, da Juliana, da mãe do Paulinho. Haverá eventos e atos para lembrar a hemorragia do Sabugão, empoçada no portão de casa. Alguém há de reconhecer que esse tambor *high tech*, gritado nas madrugadas, agoniza o repertório-migalha oferecido pelos herdeiros da memória.

Alguém verá que o samba (reverenciado) e o *rap* (com seu respeito conquistado) foram igualmente perseguidos e ecoam a mesma voz, a mesma cara, nas mesmas ladeiras em que furtaram o brilho dos Bitos, Dineys e Dudas desse mundaréu. Passaram mais de cinquenta anos, muito mais, e o bico duro, a bomba e o ferro quente continuam explodindo o silêncio forçado dos nossos caminhos.

E até que o próximo corpo caia sem direito à memória, só nos resta ficar à mercê dessa coturnada sem fim."

Michel Yakini, em "Aos que não tem direito à memória", abril de 2014 (por ocasião dos cinquenta anos do golpe civil-militar no Brasil)

# Estado de polícia
## Vera Malaguti Batista

No Brasil, no âmbito da crítica das políticas criminais do neoliberalismo, a leitura do sociólogo francês e professor da Universidade da Califórnia, em Berkeley, Loïc Wacquant foi determinante. *Punir os pobres, As prisões da miséria* e *Os condenados da cidade*[1], publicados simultaneamente em nosso país, ajudaram a aprofundar o conhecimento no assunto nos últimos anos. Por diferentes ângulos, o autor defende uma leitura renovadora sobre o que ele chama de "nova gestão da miséria nos Estados Unidos".

O que gostaríamos de ressaltar sobre o texto de Wacquant é a articulação das políticas econômicas e assistenciais do projeto neoliberal com o que entendemos por *adesão subjetiva à barbárie*, associando ao que ele define como "expansão e reorganização da prisão e seus tentáculos institucionais", que reforma a "paisagem sociossimbólica", reconstruindo e reconfigurando

---

[1] Loïc Wacquant, *Punir os pobres: a gestão da miséria nos EUA [A onda punitiva]* (trad. Sérgio Lamarão, Rio de Janeiro, Instituto Carioca de Criminologia/Freitas Bastos, 2001; 3. ed. rev., ICC/Revan, 2007); *As prisões da miséria* (trad. André Telles, Rio de Janeiro, Zahar, 2001); *Os condenados da cidade: um estudo sobre a marginalidade avançada* (trad. José Roberto Martins Filho, Rio de Janeiro, Revan, 2001).

o próprio Estado, que se converteu em Estado penal, como "potente motor cultural", com direitos, categorias, classificações e imagens próprios.

No campo do marxismo, Dario Melossi, professor de criminologia da Universidade de Bolonha, já anunciara o descolamento entre o poder punitivo e as condições objetivas por meio da constituição de uma colossal demanda por pena[2]. O cientista social Edson Lopes apresenta uma novidade na economia da pena: a simbiose entre o mercado da segurança e a segurança para o mercado[3].

A gestão da potência juvenil tem sido o grande alvo de toda essa governamentalização, produzindo racionalidades, programas e projetos que darão conta dos perigos que o tempo livre representa. A vitimização se realiza simbioticamente com a criminalização e seus projetos de neutralização política. Afinal, prevenção e repressão são a mesma coisa, sem nuances, sem disfarces.

Ao demonstrar essa vontade de sujeição e ao desmascarar os discursos que lhe dão suporte, Edson Lopes nos ajuda a interpretar melhor nossa *torturante contemporaneidade*: o dogma da pena, o controle territorial da pobreza e seus riscos, a delação como participação, a neutralidade técnica das governamentalidades. Os efeitos estão por aí: a expansão da prisão, sua teia ampliada de justiças alternativas, terapêuticas, restauradoras, a vigilância reticular, o controle a céu aberto, a transformação das periferias em campos e, principalmente, a fascistização das relações sociais e a inculcação subjetiva do desejo de punir. É isso que Wacquant retoma em Pierre Bourdieu como *paisagem sociossimbólica* que fez do Estado penal um *potente motor cultural*.

Tratemos, pois, de pensar a questão criminal no Brasil contemporâneo a partir de sua espacialidade. Para Milton Santos, o território seria "um conjunto de lugares, e o espaço nacional, um conjunto de localizações; temos de estar sempre mudando, não obstante o lugar fique o mesmo, em vista do constante rearranjo de valores atribuídos a cada lugar e às atividades presentes"[4].

Nessa potente vereda, Maria Adélia Aparecida de Souza nos ensina que o espaço geográfico é um "sistema indissociável de objetos e ações", que a geografia seria uma filosofia das técnicas e que o território usado precisa ser

---

[2]  Cf. Dario Melossi, "Prefácio", em Alessandro De Giorgi, *A miséria governada através do sistema penal* (trad. Sérgio Lamarão, Rio de Janeiro, Revan, 2006).

[3]  Edson Lopes da Silva Júnior, *Política e segurança pública: uma vontade de sujeição* (Rio de Janeiro, Contraponto, 2009).

[4]  Milton Santos, *O espaço do cidadão* (São Paulo, Nobel, 1996), p. 121.

adotado como uma categoria de análise social[5]. Na geografia das desigualdades de Milton Santos, a definição de território é política, trata-se de território usado, onde se podem propor dois tipos de espaço: "os espaços que mandam e os espaços que obedecem, gerados pelo permanente embate entre o par dialético abundância-escassez". Isso seria o fundamento maior das "geografias da desigualdade"[6].

Maria Adélia nos fala de outros dois pares dialéticos para caracterizar o território usado: densidade-rarefação e fluidez-viscosidade. "O espaço, por sua vez, também apresenta duas características que se apresentam dialeticamente: rapidez e lentidão, luminosidade e opacidade. Tais características é que geram as novas lógicas na relação centro-periferia, conceitos caros à geografia e revisitados pela obra miltoniana."[7] A ideia de densidade demonstra, por exemplo, maiores ou menores concentrações de serviços e informações e também "maior ou menor densidade de leis, normas, regras reguladoras da vida coletiva", tudo isso "a serviço das forças hegemônicas e do Estado", definindo realidades espaciais, aprofundando desigualdades. No Rio de Janeiro, as Unidades de Polícia Pacificadora (UPPs) estão restritas ao espaço de favelas, de algumas favelas, o que já seria um indício precioso para desvendar o que o projeto esconde: a ocupação militar e verticalizada das áreas de pobreza que se localizam em regiões estratégicas ao capitalismo vídeo-financeiro. É um caso com que Souza exemplifica o Estado que "governa mais para o interesse hegemônico do que para a sociedade brasileira"[8]. É importante esclarecer que esse projeto não é nenhuma novidade, faz parte de um arsenal de intervenções urbanas previstas para regiões ocupadas militarmente no mundo a partir de tecnologias, programas e políticas estadunidenses que vão do Iraque à Palestina.

Gostaria de trazer dois aspectos à discussão. Primeiro, as violências cotidianas de uma cidade atravessada pelos grandes movimentos do capital mundial que incidem sobre uma história e uma memória que são "do lugar". As soluções para essas violências não podem ser transferidas automaticamente em conjunturas singulares. Segundo, a segurança pública só existe quando ela decorre de um conjunto de projetos públicos e coletivos capazes de gerar serviços, ações e atividades no sentido de romper com a geografia das desigualdades

---

[5]   Maria Adélia Aparecida de Souza (org.), *Território brasileiro: usos e abusos* (Campinas, Territorial, 2003), p. 17.

[6]   Ibidem, p. 18.

[7]   Ibidem, p. 19.

[8]   Ibidem, p. 20.

## 94 | Bala perdida

no território usado. Sem isso, não há segurança, mas controle truculento dos pobres e resistentes na cidade.

Michel Foucault trabalhou muito a categoria de território, relacionando-a a segurança e população[9]. Ele revela como, com a ideia de nação, aparece na Europa, a partir do século XVII, um conceito de polícia que se aplica ao governo das populações como tecnologia de governo, mantendo a ordem num campo de forças naquele território usado, desigual, múltiplo, controlando as populações. Curiosamente, ele nos mostra como as dificuldades políticas de unificação da Alemanha a transformaram em paradigma e em local de experimentações. É por isso que nesse período, na Alemanha, há um sentido equivalente entre ciência política e ciência da polícia, *Polizeiwissenschaft*. O que está em jogo é a unidade territorial.

Foucault afirma que a noção misturada de ciência política com ciência da polícia dará lugar, na Alemanha, à noção de *Polizeistaat*, Estado de polícia – fundamental para compreendermos o que se passa hoje no Rio de Janeiro. Tutelar as crianças e os jovens seria uma espécie de primeira missão para os primeiros teóricos de polícia[10]. As primeiras casas de correção também eram destinadas a salvar a infância e a juventude, metáforas para a captura de sua potência e sua força para o trabalho compulsório.

É claro que tudo isso evoca a ideia de ocupação de um território em que o capitalismo estabeleceu um espaço criminalizado, dominado pela lógica brutalizante das commodities ilícitas, mas muito rentáveis. Regular coexistências nos territórios da desigualdade não é tarefa fácil num mundo que já nem deseja transformar-se, que já deixou para trás uma utopia de escola onde os jovens possam desfrutar de suas potências ou de uma sociabilidade prazerosa entre diferentes na construção de redes coletivas de apoio e cuidado. Antes da ocupação territorial, já se tinham ocupado as almas. Na saída da ditadura, ainda se observava uma resistência à brutalidade policial, mas passamos muito rapidamente da naturalização da truculência contra os pobres a seu aplauso, com a inculcação cotidiana do Estado de polícia pela grande mídia. Fechemos, pois, esta reflexão com a definição de Eugenio Raúl Zaffaroni e Nilo Batista: "O Estado de direito é concebido como o que submete todos os habitantes à lei e opõe-se ao Estado de polícia, onde todos os habitantes estão subordinados ao poder daqueles que mandam"[11].

---

[9]  Michel Foucault, *Segurança, território, população* (São Paulo, Martins Fontes, 2008).

[10]  Ibidem, p. 429.

[11]  Cf. Eugenio Raúl Zaffaroni e Nilo Batista, *Direito penal brasileiro I* (Rio de Janeiro, Revan, 2003), p. 41.

Em seu último livro de criminologia, Zaffaroni esclarece o conceito de genocídio: já que para os europeus genocídio é só "de branco", para eles, nem a colonização nem a escravidão poderiam ser consideradas genocídios, apesar dos milhões de mortos. Vamos, então, falar de massacres.

> Creio que, aproximando-nos da definição de Sémelin, entenderíamos massacre no sentido criminológico que estamos postulando – toda prática de homicídios de um número considerável de pessoas, por parte de agentes do Estado ou de um grupo organizado com controle territorial, em forma direta ou com clara complacência, levada a cabo em forma conjunta ou continuada, fora de situações reais de guerra, que impliquem forças mais ou menos simétricas.[12]

Para Zaffaroni, os massacres praticados no próprio território sobre parte da população são obra do Estado de polícia. Vale lembrar que a pacificação e a ocupação de algumas favelas do Rio deram-se em forma de guerra, com o apoio das Forças Armadas.

O autor fala ainda do autocolonialismo que atualiza a incorporação periférica aos grandes movimentos do capital. No neocolonialismo, realiza-se um deslocamento territorial do massacre. É nesse momento que "o controle territorial policial alcançou o máximo de seu esplendor e potência massacradora nas colônias"[13]. A verdade é que em todos os genocídios estiveram presentes as agências executivas do sistema penal.

Zaffaroni critica essa nossa permanência histórica no século XIX e seu controle urbano sobre a concentração e a movimentação de escravos e libertos. Ele fala da "permanente confusão com operações militares de pacificação e massacre de povos originários, as frequentes intervenções dos exércitos em função policial, da longa tradição de militares a cargo das cúpulas policiais etc."[14]. Para ele, são ações suicidas, esgotadas na globalização, feitas para sociedades estratificadas e oligopólicas. É por isso que a saída do ciclo das ditaduras militares produziu o deslocamento do paradigma da segurança nacional para o da segurança urbana, que tanta letalidade causou em nossas democracias. São o que ele chama de "massacres a conta-gotas" que produzem também a brutalização de nossas polícias, que, com níveis baixíssimos de qualidade de vida, são atiradas à tarefa de massacrar os próprios irmãos. O território é a base conceitual da ocupação.

---

[12] Eugenio Raúl Zaffaroni, *La palabra de los muertos: conferencias de criminologia cautelar* (Buenos Aires, Ediar, 2011), p. 431.

[13] Ibidem, p. 451.

[14] Ibidem, p. 508.

## 96 | Bala perdida

Tudo isso nos leva ao ponto final do que eu chamo de gestão policial da vida, imposta aos pobres em seu cotidiano, comprovando aquelas teses, como as de Loïc Wacquant, que apontam o deslocamento da atenção social do Estado para uma gestão penal da pobreza. Nunca a expressão de Edson Passetti se adequou tanto à realidade dos bairros pobres e das favelas: "o controle a céu aberto", naquela perspectiva do estado de exceção de Agamben[15]. A ideia de "campo", área de controle penal total sobre o cotidiano de seus moradores, implica sua tutela em todos os aspectos exercida diretamente pela polícia. Tendo a pacificação do Alemão como ato simbólico de um projeto de cidade e o Bope como grande timoneiro, a mídia carioca investiu ardilosamente na policização da vida em seus mínimos detalhes.

É esse o esplendor do Estado de polícia, o conjunto de projetos que domina a cidade: reeducar para a nova ordem. O que é a nova ordem? Talvez aquilo que Gizlene Neder, recorrendo à divisa jesuítica, denomina obediência cadavérica, uma concepção de cidade e de polícia que se ancora em nossas fantasias e nossas alegorias de controle total de matrizes inquisitoriais ibéricas[16]. Descriminalizar, despolicizar e abolir são verbos inspiradores de uma pauta escrita com tinta vermelha para atingir o coração do poder capitalista mundial.

---

[15] Edson Passetti, "Ensaio sobre um abolicionismo penal", *Verve*, São Paulo, Nu-Sol (PUC--SP), v. 9, 2006, p. 83-114.

[16] Gizlene Neder, *Iluminismo jurídico-penal luso-brasileiro: obediência e submissão* (Rio de Janeiro, Revan, 2007).

# *Ordem* e violência no Brasil
## Tales Ab'Sáber

Existe no Brasil uma ideia muito própria de *ordem*. Essa noção, *vaga, mas ativa; indefinida, mas muito afirmativa*, é usada em momentos estratégicos por homens de Estado e está presente no horizonte do discurso conservador nacional e na sustentação das ações policiais mais duras, em geral de impacto social muito violento. No estranho lema *ordem e progresso* brasileiro, o peso autoritário e fantasmagórico da noção de *ordem* vem sempre primeiro. Ela antecede o progresso – seja lá o que se conceba por tal, democracia ou integração social – e parece pairar solitária, mas sem conceito, antes e acima de algum processo histórico concebível.

Como parte desse sortilégio, nunca se deve perguntar de onde, nem de quem, emana a ordem do impensável chamado brasileiro à *ordem*. O polo abstrato de onde emana a ordem está sempre distante de qualquer vida social concreta – a metrópole, o rei, o capital multinacional? Dependendo do ponto de vista pelo qual observamos essa noção ou pensamos sua constelação imaginária e simbólica, tão radical, ela pode até mesmo se colocar em clara oposição à ideia moderna de lei – entendida como alguma norma racional pactuada política e socialmente por um povo e uma nação e também, em nível mais amplo, entre as nações. É possível e provável, e os exemplos são inúmeros, que no Brasil tenha se constituído um verdadeiro campo político, e psíquico, de uma ação pela *ordem* que não corresponda aos direitos universais, relativos à história do processo normativo e político ocidental, os mesmos que, para estar inserido, o país também professa; e, até mesmo, em um grau ainda mais fantástico, é possível que tal chamado à ordem não corresponda ao próprio campo e à estrutura das leis, mais ou menos racionais, mais ou menos sociais, vigentes no país.

O principal agente social *dessa ordem acima da lei*, que recebe dela seu mandato não escrito e goza do privilégio de ser sujeito desse desejo social fantasmático, é a polícia, ou melhor dizendo, *as várias polícias*, reais ou imaginárias, existentes no país. Durante os períodos de exceção ditatoriais brasileiros, o aspecto policialesco para dentro foi também realizado pelas próprias Forças Armadas – e aqui seria mais preciso dizer os períodos de *mais exceção* brasileiros... da origem militar positivista da República, passando pelo pacto senhoril antidemocrático da primeira República paulista mineira, pela ditadura de 1937-1945 e pela grande ditadura de 1964-1984, se não incluirmos aí a aberta política de ilegalidades consentidas a respeito da escravidão, do Império. Nesses momentos, o povo e as dinâmicas sociais nacionais, carentes de um quadro simbólico de legitimidade moderna do conflito de classes, são *o verdadeiro inimigo* contra quem deve levantar-se a *ordem* mais radical, legitimadora de toda exceção, a começar pelo direito à tortura e ao assassinato, e o Exército e as Forças Armadas apenas se confundem com a longa tradição da polícia discricionária brasileira, desde as milícias dos "capitães de assalto" da Colônia – origem dos capitães do mato negreiros "de tão tenebrosa memória", nas palavras de Caio Prado Jr. –, passando pelos *soldados amarelos* e os delegados torturadores varguistas, até a escuderia Le Cocq dos agentes matadores da polícia ditatorial dos anos 1970 e a atual polícia, equipada e assassina, que se espalha pelo país, tolerada com toda complacência e cumplicidade.

Não há dúvida de que uma ação política tão especial, com seu desenho profundo dos sujeitos da experiência pública, como é a noção de ordem por tantas vezes acionada no campo conservador brasileiro, deve ter uma longa e profunda história e também uma própria genealogia. O quadro original de mentalidades e o estatuto de capitalismo mercantil, colônia de plena exploração sob o foco de uma monarquia absoluta católica e transoceânica, com estrutura econômica e social escravista e de latifúndio, que perdurou no Brasil por longos trezentos anos, e mais o século da variação Imperial nacional desses temas – nos mesmos quatrocentos anos da emergência da revolução do capitalismo liberal industrial na Europa e, no século XIX, nos Estados Unidos – são importantes para situar essa natureza de ordem autoritária, anti-humanista e sua estranha relação com a própria lei.

Sérgio Buarque de Holanda recorda, por exemplo, que, embora houvesse alguma regulação de direitos a respeito da vida e da morte de escravos, e mesmo de agregados, no rarefeito espaço jurídico e público colonial, de fato e de direito, as decisões a respeito desses objetos se davam amplamente no âmbito mais estrito da porta da fazenda para dentro, e o legislador e executor dessas penas, que da mutilação levavam muitas vezes à morte, era o senhor – pelo braço servil de seus capatazes –, sujeito real de um poder absoluto sobre suas posses, poder de reais contornos sadianos. Nessa dimensão muito ampla das coisas brasileiras, concentração absoluta de poder pessoal dos senhores – em correspondência à metrópole e a seu rei católico –, anti-humanismo escravocrata, capricho particular e sadismo pessoal e subjetivo faziam as vezes da lei pública que não devia atravessar a esfera primeira do domínio pessoal sobre a própria propriedade. Esse poder arbitrário extremo, dominação não inscrita em um código, de vida e de morte, sobre o corpo negro e trabalhador, mantinha antigos traços do tipo de domínio sobre o homem europeu fixado à terra, de estrutura feudal, mas já estava alavancado em um horizonte de um liberalismo radical, de valor prioritário da propriedade e do proprietário, em que, em escala titânica, explorava-se e produzia-se para o mercado mundial.

Esses homens, em termos de mentalidade, eram ainda senhores do tipo antigo europeu – para quem toda mobilidade social de massas era inconcebível –, mas eram também modernos, na medida da busca da produtividade da exploração sobre o corpo em parte descartável de seu escravo, produtividade orientada para o mercado mundial no qual estavam inseridos. Verdadeiros *donos* da *mercadoria bem de produção* do *corpo do escravo*, na esfera da posse patriarcal da grande terra, tais senhores eram os enunciadores da *ordem* que emanava de seu próprio corpo sobre o outro e sobre tudo mais em suas possessões, desconhecendo os pactos frágeis da lei externa colonial, lei que também desconhecia, por princípio de ordem, mesmo que buscasse alguma regulação, a natureza das violências decididas nas fazendas distantes do Brasil.

Em 1934, *São Bernardo*, de Graciliano Ramos, oferece uma visão dessa mesma *ordem* subjetiva, dessa mentalidade que ainda perdurava na primeira metade do século XX, do uso do espaço da propriedade para a real ordem do dono, avesso à lei distante, mais própria de uma burguesia emergente que também não se diferenciava o bastante, nem psíquica nem produtivamente, do tal legítimo *dono do poder* fundado na escravidão e no racismo brasileiros.

Oitenta anos depois dessa obra de ficção, em 2014, foram assassinados no Brasil pelo menos 34 assentados, trabalhadores sem terra, sindicalistas rurais, lideranças e membros de comunidades rurais, no Mato Grosso, no Pará,

100 | Bala perdida

em Tocantins, no Maranhão... Foram crimes que não costumam ser investigados nem resolvidos por polícia alguma nem pela Justiça. Em 2013, foram 36 mortes violentas no campo, em 2012, 36, em 2011, 29, em 2010, 34... de modo que 1.720 pessoas foram mortas em 25 anos, com a vexatória média, bem brasileira, de 1 condenado pela Justiça para cada 17 cidadãos brasileiros do campo mortos.

É certo que, noutra direção, importa muito para o sentido da *ordem* brasileira o fato histórico da não observação por parte da elite imperial do século XIX da lei que proibiu o tráfico de escravos, que definiu as posições públicas dos senhores brasileiros *a favor da transgressão sistemática de suas próprias leis*, em postura e prática perversas que foram centrais para o espaço jurídico do Império brasileiro. Após o estabelecimento da lei de 7 de novembro de 1831, 750 mil escravos entraram no país, *mercadoria ilegal, tolerada por um estado de exceção generalizada*, para mover a produção e a riqueza da nação até a final abolição formal da escravidão brasileira, em 1888. Desse modo, nossa elite imperial cindiu a *ordem* econômica e simbólica da lei estabelecida por ela mesma, transformando o espaço público nacional em uma espécie original de *ordem pirata*, criando no processo um estatuto único de *irrealidade da lei*.

Não por acaso, na época, a partir de 1845, quem fazia observar a *lei* local eram as canhoneiras inglesas, afundando navios negreiros brasileiros na costa do Brasil, assumindo o papel de polícia internacional dos próprios interesses, diante de um país escravista marginal. A polícia mundial da Marinha inglesa punha ordem na desordem escravista local, que inventava sua nova *ordem* de irrealidade da lei no país moderno/arcaico americano. E foi exatamente a mesma estrutura de *lei exterior* ao país, que se desrealiza internamente, que obrigou o governo brasileiro a produzir a frágil reparação e o julgamento dos agentes de Estado torturadores e assassinos da ditadura de 1964 no apagar das luzes do governo Lula: o Brasil foi condenado no Tribunal Interamericano de Direitos Humanos e obrigado, de novo desde fora, a finalmente cumprir as leis que professava.

O estado de exceção brasileiro do século XIX era uma ordem que isolava mesmo *a totalidade da lei geral*, e foi essa exata ordem que completou a *forma* de nosso famoso sujeito volúvel, a elite brasileira, extremamente violenta e fundamentalmente cínica, ainda que moderna, bem descrita por Machado de Assis a partir de 1880 e estudada por Roberto Schwarz a partir de 1964. Para alguns historiadores, como Luiz Felipe de Alencastro e Sidney Chalhoub, essa *grande recusa* em aceitar a própria lei, no caso da proibição não reconhecida do tráfico negreiro, é, de fato, a organização histórica que deu origem ao cinismo e à dissolução da relação subjetiva com a lei, o "pecado original", sempre antissocial, tão próprio da elite dirigente brasileira e de sua ordem, interna e externa.

Também Antonio Candido observou que era de fato apenas a polícia, o major Vidigal – um capitão Nascimento do tempo? –, que balizava e tencionava o movimento entre o espaço da ordem e o da desordem na representação social do Brasil em *Memórias de um sargento de milícia* (1852), que dava uma imagem dialética da vida brasileira entre a década de 1850 e suas origens, desde a chegada da Corte, em 1808, ao Rio de Janeiro. Bem ou mal, no caso do livro, os emissários da ordenação social, da integração pública no espaço social regulado pelo Estado, não eram, de nenhum modo, funcionários públicos ou burocracia, instituições, dinâmicas sociais, políticas de governo, mas, simplesmente, de modo radical, apenas o prosaico agente policial da cidade, que perseguia capoeiras e feiticeiros negros. O major parecia ser o único representante do espaço do Estado sobre o mundo da vida nas origens nacionais.

E seria assim que se manteria o lugar da representação policial na sociedade tensionada, mas sempre atrasada no ganho social, até *Deus e o Diabo na Terra do Sol*, em 1964, em que o mercenário e assassino Antônio das Mortes realizava exatamente a mesma função social do major Vidigal, em um quadro de exigências sociais até então desconhecidas do país. Além disso, em uma imagem ainda mais clara, porque documental, com o Exército transformado em *milícias de capitães de assalto*, verdadeiros capitães do mato, para perseguir e prender camponeses que demandavam direitos, no exemplar e perfeito *Cabra marcado para morrer*, de 1984, filme que, nas origens da redemocratização, falava das próprias origens da democracia enraizadas na ditadura de 1964.

De fato, do ponto de vista dessa longa experiência política, estética e formal, *polícia no Brasil parece sempre ter sido "departamento de ordem política e social"*, antes mesmo da existência de qualquer estrutura de ação social e de desenvolvimento de um Estado burocrático moderno, interessado ou não na integração e no resgate do déficit social brasileiro. É aí mesmo que se situa o pacto policial da *ordem* fixada *sem desenvolvimento social*, marco primeiro da civilização local, própria da elite autoritária brasileira, que informa a dimensão não regulada por nenhuma lei de nossa polícia.

Caio Prado Jr. nos lembra ainda que, durante o período colonial, o mínimo e primeiro agente público que intervinha nas necessidades citadinas e cotidianas do mundo da vida era um verdadeiro derivado improvisado dos corpos militares das *ordenanças* portuguesas – a terceira força militar colonial, após as tropas de linha e as milícias. Antes de ser um agente público, ou um funcionário, o colono português, que sustentava o próprio interesse

# 102 | Bala perdida

em qualquer ato público que realizasse, era original e principalmente um *capitão-mor*, ou um *sargento-mor* de um *corpo de ordenança*. Ou seja, o protofuncionário público brasileiro foi, antes de tudo, um militar, um policial... Um policial da ordem escravista.

Essa fantasmagoria imensa de nosso passado policialesco autoritário e particularista não é massa morta de referências esquecidas. Ela é matéria viva, campo dialético negativo, algo presente, não ultrapassado, mesmo que modernizado. Sem o entendimento dessa história, é difícil explicar como o avanço de nossa democracia fantasmagórica e parasita, que ainda mantém seu polo antissocial da *ordem* apoiado sobre as polícias, chegou aos 56.337 assassinados no Brasil em 2014. Ou como a polícia de São Paulo, dos muito elegantes, decorosos e sérios peessedebistas entronizados no poder, matou 801 pessoas naquele mesmo ano, ou como de janeiro de 2015 até o momento em que escrevo, em março, a mesma polícia paulista já matou 180 cidadãos brasileiros.

Enfim, sem tal matéria histórica ainda viva, fica difícil compreendermos como o Brasil chegou, nas contas da ONU, a produzir 11% dos assassinatos do mundo, em sua mais plena normalidade social, institucional e psíquica.

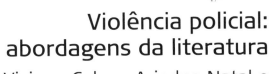

# Violência policial: abordagens da literatura

## Viviane Cubas, Ariadne Natal e Frederico Castelo Branco[1]

A literatura nacional e internacional a respeito da violência policial reúne diferentes variáveis explicativas para as causas desse fenômeno. De maneira bastante sintética, expomos aqui as quatro abordagens mais comuns nos estudos a respeito da violência policial. Sem a pretensão de delimitar rigidamente essas linhas, mapeamos os principais argumentos, com a finalidade de situar o leitor interessado, e sugerimos uma bibliografia que permite o aprofundamento no tema.

A primeira abordagem engloba os trabalhos *históricos e socioculturais*, que interpretam o fenômeno da violência policial a partir de uma perspectiva panorâmica e oferecem informações para compreender a conjuntura da violência policial no Brasil. Parte desses estudos aponta a relação da violência policial contemporânea com o histórico de formação e atuação de nossas

---

[1] Pesquisadores do Núcleo de Estudos da Violência da Universidade de São Paulo (NEV-USP).

104 | Bala perdida

polícias. Nessa abordagem, a ênfase é colocada no uso político da polícia, como instrumento de controle das elites sobre as classes populares, desencorajando distúrbios e impondo uma ordem pública de interesse das classes dominantes[2]. Segundo essa linha de estudos, o uso político da polícia se agravou durante o regime militar (1964-1985), que teve forte ascendência sobre as polícias militares, então usadas como forças auxiliares do Exército. Essa experiência resultou em um legado de ilegalidades e uso abusivo da força nas ações policiais, livres de qualquer responsabilização de seus agentes e que o advento da democracia não foi capaz de superar[3], uma vez que as instituições não sofreram transformações profundas e mantiveram métodos bastante refratários a valores democráticos[4].

Além disso, a passagem para a democracia em um contexto de aumento da criminalidade favoreceu o fortalecimento de discursos de ordem e de necessidade de uma atuação dura e combativa da polícia, de modo que o uso da força foi justificado como um sinal de eficiência[5]. A descrença no sistema de justiça criminal, a percepção de impunidade e a noção enviesada sobre direitos humanos (vistos como leniência com os criminosos) contribuíram para fortalecer na população a ideia de que a violência policial seria uma forma de

---

[2] Paulo Sérgio Pinheiro, Eduardo A. Izumino e Maria Cristina Jakimiak Fernandes, "Violência fatal: conflitos policiais em São Paulo (1981-1989)", *Revista USP*, n. 9, maio 1991, p. 95-112; Paul Chevigny, *Edge of the Knife: Police Violence in the Americas* (Nova York, New Press, 1995); Martha K. Huggins, "Urban Violence and Police Privatization in Brazil: Blended Invisibility", *Social Justice*, v. 27, n. 2, 2000, p. 113-34; Loïc Wacquant, "Toward a Dictatorship over the Poor? Notes on the Penalization of Poverty in Brazil", *Punishment & Society*, v. 5, n. 2, 2003, p. 197-205; Eduardo Paes-Machado e Ceci Vilar Noronha, "Policing the Brazillian Poor: Resistance to And Acceptance of Police Brutality in Urban Popular Classes (Salvador, Brazil)", *International Criminal Justice Review*, v. 12, n. 53, 2002, p. 53-76.

[3] Paulo Sérgio Pinheiro, "Autoritarismo e transição", *Revista USP*, n. 9, maio 1991, p. 45-56; Paulo de Mesquita Neto, "Violência policial no Brasil: abordagens teóricas e práticas de controle", em Dulce Chaves Pandolfi, José Murilo de Carvalho, Leandro Carneiro Piquet e Mario Grynszpan (orgs.), *Cidadania, justiça e violência* (Rio de Janeiro, Fundação Getulio Vargas, 1999), p. 129-48; Mercedes Hinton, "A Distant Reality: Democratic Policing in Argentina and Brazil", *Criminal Justice*, v. 5, n. 1, 2005, p. 75-100.

[4] Fiona Macaulay, "Knowledge Production, Framing and Criminal Justice Reform in Latin America", *Journal of Latin American Studies*, v. 39, n. 3, 2007, p. 627-51; Elizabeth Leeds, "Serving States and Serving Citizens: Halting Steps toward Police Reform in Brazil and Implications for Donor Intervention", *Policing and Society*, v. 17, n. 1, 2009, p. 21-37.

[5] Ronald E. Ahnen, "The Politics of Police Violence in Democratic Brazil", *Latin American: Politics and Society*, v. 49, n. 1, 2007, p. 141-64.

"justiça" direta, que responderia de maneira eficaz aos problemas da criminalidade urbana, além de prevenir crimes futuros[6]. Estudos apontam o apoio de parte considerável da população a esse tipo de enfrentamento[7], o que pode ter um efeito sobre a forma de atuação das polícias[8].

A segunda linha de interpretação abrange as *abordagens situacionais*, aquelas que colocam o foco da análise nas dinâmicas e nos contextos em que a violência policial ocorre com mais frequência. A literatura internacional aponta uma série de características das ações em que é maior a probabilidade de que policiais façam uso abusivo da força. São as ocorrências de crimes violentos, quando há presença de armas de fogo, pessoas com antecedentes criminais, suspeitos do sexo masculino, negros, alcoolizados, pessoas que apresentam comportamento hostil ou que desafiam a autoridade policial, quando há resistência física, nas ocorrências noturnas, em espaços públicos e com policiais à paisana[9]. No Brasil, a análise situacional reúne estudos que exploram as características das vítimas[10] e dos locais de ocorrência[11], recorrentes nas justificativas oficiais para os altos índices de letalidade das polícias brasileiras. De maneira geral, esses casos são tratados como legítima

---

[6] Teresa Pires do Rio Caldeira, "The Paradox of Police Violence in Democratic Brazil", *Ethnography*, v. 3, n. 3, 2002, p. 235-63; Loïc Wacquant, "Toward a Dictatorship over the Poor? Notes on the Penalization of Poverty in Brazil", cit.; Danya J. Peters, *Public Acquiescence of Police Brutality and Extrajudicial Killings in São Paulo, Brazil* (Tese de Doutorado em Psicologia Social, Reno, University of Nevada, 2006).

[7] Teresa Pires do Rio Caldeira, "The Paradox of Police Violence in Democratic Brazil", cit.

[8] Jyoti Belur, "Police Use of Deadly Force: Police Perceptions of a Culture of Approval", *Journal of Contemporary Criminal Justice*, v. 25, n. 2, 2009, p. 237-52.

[9] Robert E. Worden, "The Causes of Police Brutality", em William Geller e Hans Toch (orgs.), Police Violence (New Haven, Yale University Press, 1996), p. 23-51; Tim Phillips e Phillip Smith, "Police Violence Occasioning Citizen Complaint: An Empirical Analysis of Time-Space Dynamics", *British Journal of Criminology*, v. 40, n. 3, 2000, p. 480-96; Anthony J. Micucci e Ian M. Gomme, "American Police and Subcultural Support for the Use of Excessive Force", *Journal of Criminal Justice*, v. 33, n. 5, 2005, p. 487-500.

[10] Levantamento da ouvidoria de polícia de São Paulo sobre a letalidade policial entre 1999 e 2000 apontou que a maior parte das vítimas era composta por jovens e negros, mortos em supostas reações policiais a ocorrências de roubo. Ouvidoria da Polícia do Estado de São Paulo, *Relatório 15 anos da Ouvidoria da Polícia* (São Paulo, Imprensa Oficial, 2011).

[11] A violência policial está concentrada principalmente em áreas periféricas da cidade. Maria Fernanda Peres et al., "Homicídios, desenvolvimento socioeconômico e violência policial no município de São Paulo, Brasil", *Revista Panamericana de Salud Publica*, v. 23, n. 4, 2008, p. 268-76.

# 106 | Bala perdida

defesa[12], em que o uso da força ocorre em contextos violentos e em meio a confrontos, como uma reação aos ataques de criminosos, de modo que, quanto maior a criminalidade a ser enfrentada, maiores as chances dos conflitos resultarem em vítimas fatais.

Estudos mais recentes sobre violência policial no Brasil apresentam o terceiro tipo de abordagem: as *análises institucionais e organizacionais*, que focalizam os perfis dos governos, o posicionamento dos administradores da segurança pública e a cultura policial. Segundo essa corrente, a administração da segurança pública nos estados é fortemente influenciada pelo posicionamento político de governantes e de gestores. Por essa lógica, as políticas na área de segurança são muito suscetíveis às crises e às mudanças de governos e, muitas vezes, mais do que efetivamente responder aos problemas locais, têm a finalidade de arrefecer a opinião pública, uma vez que seus efeitos costumam ser limitados ou inócuos[13]. Pesquisas que investigaram a relação entre o posicionamento e o discurso das autoridades e os dados de letalidade pela polícia apontaram forte relação entre eles[14], indicando que discursos voltados ao combate duro do crime têm coincidido não somente com maior letalidade de civis, como também de policiais. Esses estudos evidenciam que a violência policial pode ser controlada, ou ao menos atenuada, quando há um direcionamento político claro nesse sentido.

Nas investigações sobre o caso brasileiro, há ainda a questão do modelo militar, uma vez que ele é considerado um dos entraves a um policiamento

---

[12] Os resultados apontam em direções opostas: enquanto Timothy Clark, analisando a distribuição da criminalidade e dos casos de violência policial entre 1980 e 2000, na cidade de São Paulo, encontrou uma correlação entre o número de roubos e de agressão física, pois estas seriam situações em que haveria maior conflito entre suspeitos e policiais, Emmanuel Nunes Oliveira aponta que a tese da legítima defesa tem um potencial explicativo pequeno para justificar a letalidade policial em São Paulo. Timothy W. Clark, "Structural Predictors of Brazilian Police Violence", *Deviant Behavior*, v. 29, n. 2, 2008, p. 85-110; Emmanuel Nunes Oliveira, *Letalidade da ação policial e a teoria interacional: análise integrada do sistema paulista de segurança pública* (Tese de Doutorado em Ciência Política, São Paulo, Universidade de São Paulo, 2008).

[13] Mercedes Hinton, "A Distant Reality: Democratic Policing in Argentina and Brazil", cit.; Elizabeth Leeds, "Serving States and Serving Citizens: Halting Steps toward Police Reform in Brazil and Implications for Donor Intervention", cit.

[14] Ronald E. Ahnen, "The Politics of Police Violence in Democratic Brazil", cit.; Mercedes Hinton, "A Distant Reality: Democratic Policing in Argentina and Brazil", cit.; Emmanuel Nunes Oliveira, "Políticas públicas e estratégias de controle da ação letal das instituições policiais no estado de São Paulo", *Revista Brasileira de Segurança Pública*, v. 6, n. 1, 2012, p. 28-47.

consonante com o regime democrático[15]. Nessa linha, rigidez, formalidade e propensão ao uso da força são fatores que limitam as possibilidades de resolução de conflitos e podem estimular o uso da força e da coerção em situações em que seriam dispensáveis[16]. A cultura policial é outro aspecto de destaque na literatura, na medida em que as relações informais entre colegas policiais (interdependência, lealdade, poder discricionário, autoafirmação para o exercício da autoridade, código de silêncio, autopreservação e cumplicidade) dificultam o tratamento de casos de uso abusivo da força[17]. A cultura policial ajudaria a explicar a permanência da brutalidade como algo admissível, corriqueiro e esperado, mesmo diante de mudanças no processo de seleção, formação e treinamento de policiais.

O quarto tipo engloba as *abordagens individuais*, que trabalham com características pessoais dos policiais na busca de explicação para o uso abusivo da força. Estudos internacionais enfatizam nível educacional, tempo de experiência profissional, idade, nível de estresse e compreensão dos próprios profissionais sobre qual deve ser o trabalho da polícia como variáveis explicativas para o uso abusivo da força[18]. No Brasil, essa perspectiva está presente nos estudos ligados à área da saúde, que se concentram nos efeitos da profissão sobre a saúde física e mental dos policiais e sua relação com o uso da violência[19].

---

[15] José Vicente Tavares dos Santos, "The World Police Crisis and the Construction of Democratic Policing", *International Review of Sociology*, v. 14, n. 1, 2004, p. 89-106; Paulo de Mesquita Neto, *Ensaios sobre segurança cidadã* (São Paulo, Quartier Latin, 2011).

[16] James F. Hodgson, "Police Violence in Canada and the USA: Analysis and Management", *Policing: An International Journal of Police Strategies & Management*, v. 24, n. 4, 2001, p. 520-49.

[17] Dominique Monjardet, O que faz a polícia: sociologia da força pública (trad. Mary Amazonas Leite de Barros, São Paulo, Edusp/NEV-USP, 2004, Coleção Polícia e Sociedade); Robert Reiner, *A política da polícia* (2000) (trad. Jacy Cárdia Ghirotti e Maria Cristina Pereira de Cunha Marques, São Paulo, Edusp/NEV-USP, 2004, Coleção Polícia e Sociedade); Sean P. Griffin e Thomas J. Bernard, "Angry Aggression Among Police Officers", *Police Quarterly*, v. 6, n. 1, 2003, p. 3-21; Anthony J. Micucci e Ian M. Gomme, "American Police and Subcultural Support for the Use of Excessive Force", cit.

[18] Robert E. Worden, "The Causes of Police Brutality", cit.; James McElvain e Augustine J. Kposowa, "Police Officer Characteristics and Internal Affairs Investigations for Use of Force Allegations", *Journal of Criminal Justice*, v. 32, n. 3, 2004, p. 265-79; Patrik Manzoni e Manuel Eisner, "Violence Between the Police and the Public", *Criminal Justice and Behavior*, v. 33, n. 5, 2006, p. 613-45; Eugene A. Paoline III e William Terrill, "Police Education, Experience, and the Use of Force", *Criminal Justice and Behavior*, v. 34, n. 2, 2007, p. 179-96.

[19] Álvaro Roberto Spodea e Carlotte Beatriz Merlob, "Trabalho policial e saúde mental: uma pesquisa junto aos capitães da polícia", *Psicologia: Reflexão e Crítica*, v. 19, n. 3, 2006,

108 | Bala perdida

Existem ainda outras explicações para a violência policial relacionadas a aspectos individuais, como a teoria da "maçã podre", segundo a qual o problema da violência está circunscrito a alguns policiais e relacionado às características pessoais; a ideia de que o trabalho policial atrai pessoas com personalidade autoritária; e ainda a teoria da "banalidade do mal" (*banality of evil*), de que há um processo de dessensibilização em relação à violência por excesso de exposição a situações extremas[20].

As abordagens individuais estão muito presentes nas justificativas dos comandantes das polícias e dos governantes brasileiros para os casos de brutalidade policial. Com frequência, são apresentados argumentos de que não se pode responsabilizar uma corporação inteira pelas más ações de indivíduos isolados. A principal crítica às explicações individuais para a violência policial está justamente no fato de as características pessoais representarem o principal elemento explicativo para um fenômeno tão complexo quanto o uso abusivo da força, deixando de lado aspectos institucionais e organizacionais que contribuem para o problema. Essas explicações individuais, contudo, se esgotam quando as más ações são muito frequentes. E o Estado que resiste em assumir responsabilidades mantém inalterados os problemas estruturais e institucionais relacionados ao uso abusivo da força, dando margem para novas ocorrências, sem que haja um sinal de solução adequada e abrangente. As explicações centradas no plano individual convertem-se em soluções também individuais, como punições administrativas e criminais aos policiais envolvidos, sem a responsabilização dos gestores da segurança pública.

As distintas abordagens aqui apresentadas apontam para a complexidade do fenômeno, uma vez que apresentam uma ampla gama de elementos que ajudam a explicar a violência policial, além dos vários atores e aspectos envolvidos. Perspectivas diversas indicam diferentes estratégias para lidar com

---

p. 362-70; Claudia Bezerra, Maria Cecília de S. Minayo e Patrícia Constatino, "Estresse ocupacional em mulheres policiais", *Ciência & Saúde Coletiva*, v. 18, n. 3, 2013, p. 657-66; Maria Cecília de S. Minayo, Simone G. de Assis e Raquel V. C. de Oliveira, "Impacto das atividades profissionais na saúde física e mental dos policiais civis e militares do Rio de Janeiro (RJ, Brasil)", *Ciência & Saúde Coletiva*, v. 16, n. 4, 2011, p. 2.199-209; Liana W. Pinto, Ana Elisa B. Figueiredo e Edinilsa R. de Souza, "Sofrimento psíquico em policiais civis do estado do Rio de Janeiro", *Ciência & Saúde Coletiva*, v. 18, n. 3, 2013, p. 633-44; Edinilsa R. de Souza et al., "Consumo de substâncias lícitas e ilícitas por policiais da cidade do Rio de Janeiro", *Ciência & Saúde Coletiva*, v. 18, n. 3, 2013, p. 667-76.

[20] Jyoti Belur, "Why do Police Use Deadly Force: Explaining Police Encounters in Mumbai", *British Journal of Criminology*, v. 50, n. 2, 2010, p. 320-41.

o problema. No entanto, nenhuma das perspectivas mencionadas aqui deve ser vista isoladamente, uma vez que muitos dos argumentos parecem complementares, e não excludentes. As origens históricas, a organização das polícias, características sociais, políticas públicas de segurança, interpretações valorativas, cultura policial e aspectos institucionais têm efeito e dão forma à polícia e a seu padrão de atuação.

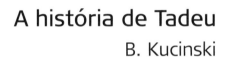

# A história de Tadeu
## B. Kucinski

Naquele dia, nem pão havia em casa, e ele foi à escola de estômago vazio. Assim desencadeou-se a série de incidentes que acabariam por levar o menino Tadeu à instituição e, de lá, a um final de vida prematuro e trágico.

O pai os abandonara antes de Tadeu completar dois anos e se casara com uma evangélica com quem logo fez dois filhos. Dava uma pensão miserável – duzentos reais por mês – porque a mãe de Tadeu demandara na justiça. Mesmo assim, passava meses sem pagar e não contribuía para os extras, como o conserto do tênis e o agasalho de inverno.

A mãe mudou para uma quitinete barata na baixada do Glicério. Quando o pai atrasava a pensão, ela batia no menino. Quanto maior o atraso, mais forte batia. Assim começou a história dos espancamentos de Tadeu. Ficou pior quando a mãe passou a trazer homens. Sem divisória entre quarto e sala, Tadeu via o que eles faziam e chorava. Tinha seis anos e meio e chorava. Nessas horas, queria o pai, mas o pai só o buscava raramente, quando dele precisava para tomar conta de seus meio-irmãos. Irritada pelos choros, a mãe o confinava num canto escuro da área de serviço. Tadeu sentia muito medo e chorava mais alto. Como silenciá-lo? A mãe aprendeu que dois tabefes reduziam o choro a um lamento discreto. Houve vezes em que só a ameaça bastou. Tadeu tinha pavor dos bofetões da mãe.

## 112 | Bala perdida

A comunicação entre mãe e filho foi se limitando à linguagem da violência. Tapinhas leves sinalizavam trégua; era quando a mãe deixava Tadeu desenhar, copiando das histórias em quadrinhos. Em outros momentos, eram surras; quadrinhos e lápis sumiam, ocultados no topo do armário pela mãe.

Com sete anos, Tadeu entrou no grupo escolar. Contudo, não aprendia o alfabeto nem os números. Chamada pela diretora, a mãe não compreendeu o que lhe foi dito e, ao regressar, esbofeteou Tadeu. Na segunda vez em que foi chamada, deduziu que Tadeu ia repetir de ano e o surrou de cinto. Detestava perder tempo de serviço com a escola do menino. A cada lambada, xingava: mal nascido, desgraçado, bolha, inútil, asno.

Tadeu tentou conter o choro, mas não conseguiu e sentiu-se humilhado. Foi quando começou a gaguejar. Se o chamavam na classe para falar em voz alta, gaguejava. Os garotos o marcaram para saco de pancada, pela gagueira e pelo físico esquálido. Tadeu tinha corpo mirrado e levava a cabeça raspada porque a mãe concluíra que assim não juntava piolho e gastava menos sabão. Sua tez, morena bem clara, pendia para o esverdeado.

Muitas vezes, Tadeu sentou-se no cimento do recreio ao sentir os joelhos fraquejarem em meio a uma corrida. Um dia, desmaiou na aula de ginástica. A diretora alertou por escrito que ele poderia estar anêmico e deveria ir ao médico. A mãe assustou-se; depois decidiu que era exagero, deve ter sido o sol, não precisava de médico coisa nenhuma.

No recreio, todos desembrulhavam algo para comer, menos Tadeu. Seu uniforme era puído, sua mochila, gasta, e seu tênis, roto. Nunca foi à escola com boné de Superman ou tênis de marca. Só em desenho Tadeu impunha-se sobre os outros. Quando podia, desenhava. Se não tinha bloco de rascunho, compunha figuras no caderno escolar, no verso de folhetos de propaganda, no que lhe caísse nas mãos. Desenhava principalmente heróis do Karatê Kid dos quadrinhos japoneses.

A mãe de Tadeu não cozinhava. Almoçava no emprego e à noite, ao sair da academia de ginástica, parava no bar do começo da rua para uma cerveja com as amigas e para mastigar uns amendoins. Isso lhe bastava. Fazia regime para se manter esbelta. Às vezes, nas noites em que não malhava na academia, fervia um macarrão instantâneo. Tadeu comia então uma rara refeição quente. De manhã, quando saía para o trabalho, a mãe lhe deixava biscoitos ou uma côdea de pão.

Naquele dia fatídico, em que nem pão havia em casa, Tadeu chegou à escola faminto de doer o estômago. No recreio, não tirava os olhos do lanche de Bruno, um gorducho. Bruno o afastou com um empurrão, e Tadeu revidou.

Bruno caiu no piso de cimento e, ao ver sangue em seu cotovelo arranhado, berrou. Chamaram o inspetor, e Tadeu levou uma suspensão, dessa vez de três dias, acusado de provocar a briga.

À noite, a mãe soube da suspensão e surrou-o com a parte afivelada do cinto. Tadeu sangrou. Depois, espargiu sal para não arruinar. Naquela noite, embora nunca tivesse apanhado tão feio e nunca tivesse doído tanto, Tadeu conseguiu não chorar. Mordeu o lábio de baixo com os dentes de cima e não chorou. Tinha tomado uma decisão.

Depois que a mãe dormiu, enfiou na mochila suas poucas roupas, seus dois álbuns do Karatê Kid, o lápis e o caderno. Vestiu seu único agasalho e seu único boné, calçou seu par de tênis já gasto e abandonou em silêncio da quitinete. Não pegou o elevador, temendo ser visto por vizinhos; desceu pela escada, degrau a degrau, assegurando-se de não haver ninguém no caminho.

Na porta da rua, mentiu ao zelador que o pai o estava esperando, saiu, virou rápido para a direita e apressou o passo. As costas ardiam tanto que precisou levar a mochila com as mãos. Mas estava contente. Finalmente tomara coragem. Sentia-se um karatê kid em busca de aventura. Caminhava depressa, sem destino. Não tinha um plano. Queria apenas fugir. Ao perceber que tomara automaticamente a direção da escola, dobrou na primeira esquina. Também da escola fugia. Chega, acabou.

Caminhava havia meia hora quando foi interceptado pela patrulha da Polícia Militar. Eram três policiais, um deles, mulher. Estranharam o garoto só, tarde da noite. Tadeu não ia dizer nada a eles, isso que apanhou, que levou suspensão de três dias, já não era mais criança. Estavam numa porta de padaria. Frente a sua teimosia em não falar, a policial foi ao fundo da padaria e voltou com um pão doce coberto de creme e uma latinha de refrigerante. Em poucos segundos, Tadeu devorou o pão doce e esvaziou o refrigerante. Aquilo já era uma mensagem. O garoto estava faminto. Com Tadeu apaziguado, examinaram a mochila. Entre as folhas do caderno encontraram a carta da diretora da escola. Simples, fugiu de casa por causa da suspensão; era só levá-lo de volta.

Mas, quando falaram em mãe, Tadeu gritou um NÃO!! que eletrizou a padaria. E agarrou-se com todas as forças na base fixa de uma banqueta rente ao balcão. Dali ninguém iria tirá-lo. O grito atraiu mais pessoas. Formou-se uma pequena assembleia. Finalmente, os policiais decidiram levá-lo à delegacia da mulher, por sorte, ali perto, pois àquela hora o juizado de menores estava fechado. A delegada, familiarizada com violência doméstica, mandou

## 114 | Bala perdida

Tadeu tirar a camisa. Como ela desconfiara, ali estavam as marcas do espancamento, profundas, avermelhadas, salpicadas de sangue.

Dois dias depois, no juizado de menores, para onde fora levado diretamente, sem ter regressado à casa, Tadeu foi informado de que não viveria mais com a mãe. O juiz cassara a tutela materna, fato raríssimo. Para a casa do pai não podia ir porque a madrasta se recusava a recebê-lo, e o pai chegara a insinuar que, depois de o garoto crescer, perdera a certeza de ele ser filho seu.

Tadeu foi internado na escola-orfanato para crianças abandonadas, no Pacaembu, onde já se abrigavam 320 meninos, a maioria mulatinhos e pretinhos. Funcionava quase como prisão. Dentro, circulavam livres, mas não podiam sair. Tadeu era o menos escuro. Logo que o viram, caíram em cima para pegar suas coisas. Embora menor que muitos deles, Tadeu resistiu bravamente, derrubou vários e de um tirou sangue. Conseguiram pegar um de seus álbuns do Karatê Kid, mas a valentia lhe garantiu a aceitação.

Naquela instituição de meninos abandonados era preciso ser esperto sempre. Mas a nivelação pelo abandono fez bem a Tadeu. E nunca mais lhe faltou o café da manhã. Era até mais bem tratado pelos serventes, que o viam como vítima de um infortúnio maior, como se para pretinhos e mulatinhos o abandono fosse natural e talvez merecido.

No primeiro exame médico diagnosticaram em Tadeu verminose e desnutrição protéico-calórica. Recebeu vermífugo, um mês de ração extra e suplemento de vitaminas durante um ano. No final desse ano Tadeu já parecia um menino normal. E parou de gaguejar. Contudo, sua compleição permaneceu franzina e com sequelas da desnutrição na ossatura dos ombros e dos joelhos.

De um professor encantado com seus desenhos, Tadeu recebeu um caderno com quarenta folhas de papel Canson. Pela primeira vez, sentiu o prazer de desenhar em papel de gramatura grossa. Também havia, na pequena biblioteca, livros ilustrados, os quais ele podia copiar. Poucos meninos eram visitados pelos pais, mas apareciam muitas avós, um ou outro irmão, ou alguma tia. Tadeu nunca recebeu visita da mãe nem do pai. Nesses momentos, sentia melancolia.

No segundo ano, já veterano, Tadeu ficou amigo de um garoto recém-chegado do juizado da Zona Norte, um pretinho de apelido Boquinha, e suas atribulações diminuíram, ajustou-se a um estado de violência de baixa intensidade, como modo de vida normal. No último ano do internato, Boquinha começou a fumar crack e insistiu para Tadeu acompanhá-lo. Tadeu disse "não". Pelas histórias em quadrinhos sabia que o crack era coisa ruim demais.

Ele não era um merda, sabia desenhar, não precisava dessa porcaria de crack. Pediu pro Boquinha nunca mais falar de crack perto dele.

Saíram quase juntos do internato, e Tadeu, que tinha dificuldade de se relacionar com estranhos, ficou uns tempos na casa das tias do Boquinha, na Zona Norte. Entregava pizza, lavava prato, fazia bicos. O dono de um jornal da Zona Norte viu os desenhos dele na pizzaria e o chamou para trabalhar de aprendiz em sua gráfica. Tadeu criou coragem e alugou um quarto só para ele. Já estava com dezoito anos e meio.

Boquinha entrara numa gangue de desmanche de carros em sociedade com uns soldados da PM. Ele e Tadeu continuaram amigos e quase todo fim de semana se encontravam para uma cerveja e para paquerar as meninas do bairro. Boquinha saía da droga, entrava de novo, saía. Não demorou muito, uma noite a PM o pegou. Sua gangue invadira o território de outra turma da PM. Vieram em dois carros da Rota, de supetão, seis peemes. Agarram Boquinha quando tomava cerveja com Tadeu e o foram arrastando, já de revólveres nas mãos, para um matagal.

Tadeu gritou e tentou segurar Boquinha. Levaram ele junto. Enquanto dois peemes seguravam Tadeu, os outros quatro fuzilavam Boquinha. Foram oito tiros, cinco no peito e três na cabeça. Depois discutiram o que fazer com Tadeu. Deixar testemunha era ruim. Matar um branco bem-vestido também não era bom. Decidiram por uma advertência pesada, para ele nem pensar em abrir a boca. Levaram Tadeu mais para dentro do mato e o espancaram. Revezaram-se, esmurrando o peito franzino, socando a barriga na altura dos rins, batendo de cassetete nos ombros e nas canelas, dando pontapés na virilha. Só não batiam na cabeça, para não matar. Mas mataram. Não sabiam das sequelas da desnutrição. Tadeu morreu do jeito que viveu a maior parte de sua vida, apanhando. Tinha dezoito anos e oito meses.

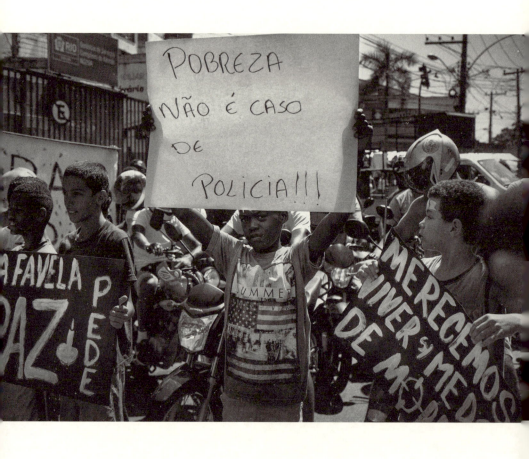

# Indicações de leitura

**Livros**

ARANTES, Paulo. *Extinção*. São Paulo, Boitempo, 2007. (Coleção Estado de Sítio)

_____ . *O novo tempo do mundo*. São Paulo, Boitempo, 2014. (Coleção Estado de Sítio)

BATISTA, Vera Malaguti. *O medo na cidade do Rio de Janeiro*. Rio de Janeiro, Revan, 2003.

_____ . *Difíceis ganhos fáceis*: drogas e juventude pobre no Rio de Janeiro. Rio de Janeiro, Revan, 2003.

BAYLEY, David H. *Padrões de policiamento*: uma análise comparativa internacional. Trad. René Alexandre Belmonte. São Paulo, Edusp/NEV-USP, 2006. (Coleção Polícia e Sociedade)

GOLDSTEIN, Herman. *Policiando uma sociedade livre*. Trad. Marcello Rollemberg. São Paulo, Edusp/NEV-USP, 2003. (Coleção Polícia e Sociedade)

HINTON, Mercedes S. *The State on the Streets: Police and Politics in Argentina and Brazil*. Boulder, Lynne Rienner, 2006.

# 118 | Bala perdida

LEMGRUBER, Julita; MUSUMECI, Leonarda; CANO, Ignácio. *Quem vigia os vigias?* Um estudo sobre controle externo da polícia no Brasil. Rio de Janeiro, Record, 2003.

MINGARDI, Guaracy. *Tiras, gansos e trutas*: cotidiano e reforma na Polícia Civil. São Paulo, Página Aberta, 1992.

MÉNDEZ, Juan E.; O'DONNELL, Guillermo A.; PINHEIRO, Paulo Sérgio (orgs.). *Democracia, violência e injustiça*: o não estado de direito na América Latina. Trad. Ana Luiza Pinheiro e Otacilio Nunes. São Paulo, Paz e Terra, 2000.

PINHEIRO, Milton (org.). *Ditadura*: o que resta da transição. São Paulo, Boitempo, 2014. (Coleção Estado de Sítio)

REINER, Robert. *A política da polícia*. Trad. Jacy Cárdia Ghirotti e Maria Cristina Pereira de Cunha Marques. São Paulo, Edusp/NEV-USP, 2004. (Coleção Polícia e Sociedade)

ROSEMBERG, André. *De chumbo e festim*: uma história da polícia paulista no final do Império. São Paulo, Edusp/Fapesp, 2010.

SOARES, Luiz Eduardo. *Violência e política no Rio de Janeiro*. Rio de Janeiro, Relume Dumará, 1995.

_____ . *Meu casaco de general*: 500 dias no front da segurança pública do estado do Rio de Janeiro. São Paulo, Companhia das Letras, 2000.

_____ . *Justiça*: pensando alto sobre violência, crime e castigo. Rio de Janeiro, Nova Fronteira, 2011.

_____ ; ATHAYDE, Celso; BILL, MV. *Cabeça de Porco*. Rio de Janeiro, Objetiva, 2005.

### Artigos e capítulos de livros

ALBUQUERQUE, Carlos L.; PAES-MACHADO, Eduardo. The Hazing Machine: the Shaping of Brazilian Military Police Recruits. *Policing and Society: An International Journal of Research and Policy*, v. 14, n. 2, 2007, p. 175-192.

BRETAS, Marcos L. Observações sobre a falência dos modelos policiais. *Tempo Social*: Revista de Sociologia da USP, São Paulo, v. 9, n. 1, 1997, p. 79-94.

BROWN, Ben; BENEDICT, Wm Reed. Perceptions of the Police: Past Findings, Methodological Issues, Conceptual Issues and Policy Implications.

*Policing*: An International Journal of Police Strategies & Management, v. 25, n. 3, 2002, p. 543-80.

CALDEIRA, Teresa Pires do Rio. Direitos humanos ou "privilégios de bandidos". *Novos Estudos Cebrap,* n. 30, 1991, pp. 162-74.

CANO, Ignácio. Racial Bias in Police Use of Lethal Force in Brazil. *Police Practice and Research,* v. 11, n. 1, 2010, p. 31-43.

D'ARAÚJO, Maria Celina. Links Between Military Police and Armed Forces in Brazil: A Historical View. BRASA IX. New Orleans, Tulane University, 2008, p. 27-9.

CHEVIGNY, Paul. Police Deadly Force as Social Control: Jamaica, Argentina, and Brazil. *Criminal Law Forum*, v. 1, n. 3, 1990, p. 389-425.

HINTON, Mercedes S. Police and State Reform in Brazil: Bad Apple or Rotten Barrel? In: HINTON, Mercedes S.; NEWBURN, Tim (orgs.). *Policing Developing Democracies*. Nova York/Londres, Routledge, 2008.

HOLSTON, James; CALDEIRA, Teresa. Democracy, Law, and Violence: Disjunctions of Brazilian Citizenship. In: AGÜERO, Felipe; STARK, Jeffrey (orgs.). *Fault Lines of Democracy In Post-transition Latin America*. Miami, North-South Center Press/University of Miami, 1998.

HUGGINS, Martha. From Bureaucratic Consolidation to Structural Devolution: Police Death Squads in Brazil. *Policing and Society*: An International Journal of Research and Policy, v. 7, n. 4, 1997, p. 207-34.

HUMAN RIGHTS WATCH. *Lethal Force: Police Violence and Public Security in Rio de Janeiro and São Paulo,* 2009. Disponível em: <http://www.hrw.org/sites/default/files/reports/brazil1209webwcover.pdf>; acesso em: 25 set. 2014.

MACAULAY, Fiona. Problems of Police Oversight in Brazil. *Working Paper Series, University of Oxford Centre for Brazilian Studies*, jul. 2002. Disponível em: <http://www.brazil.ox.ac.uk/__data/assets/pdf_file/0011/9398/Macaulay33.pdf>; acesso em: 25 set. 2014.

MESQUITA NETO, Paulo de; LOCHE, Adriana. Police-Community Partnerships in Brazil. In: FRÜHLING, Hugo; TULCHIN, Joseph S.; GOLDING, Heather (orgs.). *Crime and Violence in Latin America*: Citizen Security, Democracy, and the State. Washington, D.C., Woodrow Wilson Center Press, 2003. p. 179-204.

## 120 | Bala perdida

PEREIRA, Anthony. Public Secutiry, Private Interests and Police Reform in Brazil. In: KINGSTONE Peter; POWER, Timothy (orgs.). *Democratic Brazil Revisited*. Pittsburgh, University of Pittsburgh Press, 2008. p. 185-208.

PINHEIRO, Paulo Sérgio. Police and Political Crisis: The Case of the Military Police. In: HUGGINS, Martha K. *Vigilantism and the State in Modern Latin America*: Essays on Extralegal Violence. Nova York, Praeger, 1991.

_____ . Violência, crime e sistemas policiais em países de novas democracia. *Tempo Social*: Revista de Sociologia da USP, São Paulo, v. 9, n. 1, 1997, p. 43-52.

STONE, Christopher. Tracing Police Accountability in Theory and Practice: From Philadelphia to Abuja and Sao Paulo. *Theoretical Criminology*, v. 11, n. 2, 2007, p. 245-59.

WACQUANT, Loïc et al., "Dossiê: violência urbana", *Margem Esquerda*, São Paulo, Boitempo, n. 8, nov. 2006, p. 23-57.

WHITE, Michael D. Controlling Police Decisions to Use Deadly Force: Reexamining the Importance of Administrative Policy. *Crime and Delinquency*, v. 47, n. 1, 2001, p. 131-51.

_____ . Examining the Impact External Influences on Police Use of Deadly Force over Time. *Evaluation Review*, v. 27, n. 1, 2003, p.50-78.

ZALUAR, Alba. Violência e crime: saídas para os excluídos ou desafios para a democracia?. In: _____ . *Integração perversa: pobreza e tráfico de drogas*. Rio de Janeiro, FGV, 2004.

# Sobre os autores

**Ariadne Natal** é pesquisadora do Núcleo de Estudos da Violência da Universidade de São Paulo (NEV-USP). Mestre em sociologia pela USP, com trabalho sobre linchamentos, atualmente é doutoranda em sociologia na mesma instituição.

**B. Kucinski** é a assinatura literária do jornalista e professor Bernardo Kucinski, autor de cerca de vinte livros, entre os quais *Jornalismo econômico* (Edusp, 1996), vencedor do prêmio Jabuti, a novela policial *Alice* (Rocco, 2014), o romance *K.* (Cosac Naify, 2014), publicado em várias línguas e finalista de seis concursos literários, e o livro de contos *Você vai voltar para mim* (Cosac Naify, 2014). Seu livro mais recente é *Cartas a Lula* (Edições de Janeiro, 2014).

**Christian Ingo Lenz Dunker** é professor titular em psicanálise e psicopatologia da USP e analista membro da Escola de Psicanálise dos Fóruns do Campo Lacaniano. Seu *Estrutura e constituição da clínica psicanalítica* (Annablume, 2011) ganhou o prêmio Jabuti de melhor livro em psicologia e psicanálise. Sua obra mais recente é *Mal-estar, sofrimento e sintoma: uma psicopatologia do Brasil entre muros* (Boitempo, 2015). É colunista do Blog da Boitempo.

**Danilo Dara** é historiador formado na Universarau – Perifaversidade de São Paulo e integrante do Movimento Independente Mães de Maio. Foi coorganizador dos livros *Do luto à luta* (Nós por Nós, 2011) e *Mães de Maio, mães do cárcere* (2012). Atualmente é mestrando em história da FFLCH-USP.

# 122 | Bala perdida

**Débora Maria da Silva** é promotora popular autônoma, fundadora e coordenadora do Movimento Independente Mães de Maio. Mãe de Édson Rogério da Silva, vítima da polícia na Baixada Santista, foi coorganizadora dos livros *Do luto à luta* (Nós por Nós, 2011) e *Mães de Maio, mães do cárcere* (Nós por Nós, 2012), e coautora do vídeo-intervenção *Apelo* (2014).

**Eduardo Matarazzo Suplicy** é secretário municipal de Direitos Humanos e Cidadania da cidade de São Paulo. Economista e administrador de formação, foi senador por três mandatos seguidos (1991-2015) e vereador, além de deputado estadual e federal. Originalmente filiado ao MDB, está desde 1980 no PT.

**Fernanda Mena** é jornalista, mestre em sociologia e direitos humanos pela London School of Economics and Political Sciences e doutoranda em relações internacionais pela USP. É autora de reportagens premiadas nas áreas de violência, drogas e direitos humanos e do estudo "Narcophobia: Drugs Prohibition and the Generation of Human Rights Violations", publicado em 2010 no periódico norte-americano *Trends in Organized Crime*. Atualmente, é repórter especial do jornal *Folha de S.Paulo*.

**Frederico Castelo Branco** é pesquisador do Núcleo de Estudos da Violência da Universidade de São Paulo (NEV-USP). Mestre em ciência política pela USP, com trabalho sobre a avaliação dos paulistanos sobre a polícia, atualmente é doutorando em ciência política na mesma instituição.

**Guaracy Mingardi** é consultor em segurança pública e doutor em ciência política pela USP. Autor de *O Estado e o crime organizado* (IBCCrim, 1998), foi investigador de polícia, assessor parlamentar na CPI do Crime Organizado (Alesp), subsecretário nacional de Segurança Pública e gerente de projeto da Comissão Nacional da Verdade.

**Íbis Silva Pereira** é coronel da Polícia Militar, com 32 anos de serviço. É chefe de gabinete do comando-geral da Polícia Militar do Estado do Rio de Janeiro, bacharel em direito e tem pós-graduação em filosofia.

**Jean Wyllys** é deputado federal pelo PSOL-RJ (2011-2014 e 2015--2018). É escritor e professor do Programa de Pós-Graduação em Infecção HIV/Aids e Hepatites Virais da Unirio, além de colunista da *CartaCapital* e do portal LGBT *iGay*, do iG. É autor de *Tempo bom, tempo ruim* (São Paulo, Paralela, 2014).

**João Alexandre Peschanski** é doutorando em sociologia pela Universidade de Wisconsin-Madison e professor de ciência política na Faculdade Cásper Líbero. Integra a revista *Margem Esquerda*, da Boitempo, e, pela coleção Tinta Vermelha, publicou os artigos "Os 'ocupas' e a desigualdade econômica", em *Occupy* (Boitempo, 2012), e "O transporte público gratuito, uma utopia real", em *Cidades rebeldes* (Boitempo, 2013).

**Laura Capriglione** é jornalista formada em ciências sociais pela USP. Trabalhou no jornal *Folha de S.Paulo* e na revista *Veja*. Atualmente, integra os coletivos Jornalistas Livres e Ponte, que cobre segurança pública e direitos humanos de forma independente.

**Luiz Baltar** é fotógrafo documental social e integrante do projeto Imagens do Povo e dos coletivos Favela em Foco e Tem Morador. Desenvolve documentações fotográficas sobre direito à moradia, direito à cidade e ocupações militares no Rio de Janeiro.

**Luiz Eduardo Soares** é escritor, cientista político e antropólogo. Professor da Uerj e ex-secretário nacional de Segurança Pública, é autor de *Meu casaco de general* (Objetiva, 2005) e *Justiça: pensando alto sobre violência, crime e castigo* (Nova Fronteira, 2011) e coautor de *Elite da tropa* (Objetiva, 2006), que deu origem ao filme *Tropa de elite* (2007), de José Padilha.

**Marcelo Freixo** é deputado estadual do Rio de Janeiro, presidente da Comissão de Defesa Direitos Humanos e Cidadania da Alerj, membro da Comissão de Cultura e vice-presidente da Comissão Parlamentar de Inquérito do Tribunal de Contas do Estado do Rio de Janeiro. Filiado ao PT de 1986 a 2005, migrou para o PSOL em 2005. Militante dos direitos humanos, inspirou o personagem Diogo Fraga do filme *Tropa de elite 2* (2010), de José Padilha

**Maria Lucia Karam**, juíza aposentada, é atualmente membro da Diretoria da Law Enforcement Against Prohibition (Leap) e presidente da Associação dos Agentes da Lei Contra a Proibição (Leap Brasil).

**Maria Rita Kehl** é doutora em psicanálise pela Pontifícia Universidade Católica de São Paulo (PUC-SP) e desde 1981 atua como psicanalista clínica. Recebeu o prêmio Jabuti de melhor livro do ano de não ficção com *O tempo e o cão* (Boitempo, 2009). É autora de *18 crônicas e mais algumas* (Boitempo, 2011).

**Movimento Independente Mães de Maio** é uma rede autônoma antirracista e anticapitalista de mães, familiares e amigos de vítimas da violência do Estado brasileiro formado no estado de São Paulo após os Crimes de Maio de 2006

**Rafa Campos** é cartunista. Publica a tira "Ogro" na *Folha de S.Paulo*, "Deus, essa gostosa" na revista *VICE* e "As aventuras do Artista Contemporâneo", no site *redbullstation*. É coautor de *O golpe de 64* (Três Estrelas, 2014) e de *Conclave* (Ex Libris, 2015).

**Renato Moraes** é professor de ciência política pela Universidade Federal de São Carlos (Ufscar) e doutor em ciência política pela Universidade de São Paulo (USP).

**Stephen Graham** é pesquisador de urbanismo e professor de cidades e sociedades na Global Urban Research Unit, centro de pesquisas da Faculdade de Arquitetura da Universidade de Newcastle. É autor de *Cities Under Siege: The New Military Urbanism* (Verso, 2011), que será lançado no Brasil pela Boitempo.

**Tales Ab'Sáber**, psicanalista e ensaísta, é professor de filosofia da psicanálise na Unifesp. É autor de, entre outros, *Lulismo, carisma pop e cultura anticrítica* (Hedra, 2011), *A música do tempo infinito* (Cosac Naify, 2013) e *Ensaio, fragmento* (Editora 34, 2014).

**Vera Malaguti Batista** é professora de criminologia da Uerj, secretária-geral do Instituto Carioca de Criminologia e diretora da revista *Discursos Sediciosos: Crime, Direito e Sociedade*. É autora de *Difíceis ganhos fáceis* (Revan, 2003), *O medo na cidade do Rio de Janeiro* (Revan, 2003) e *Introdução crítica à criminologia brasileira* (Revan, 2011).

**Viviane Cubas** é pesquisadora do Núcleo de Estudos da Violência da Universidade de São Paulo (NEV-USP). Doutora e mestre em sociologia pela USP, dedica-se a temas relacionados à polícia, à violência e aos direitos humanos.

Publicado em junho de 2015, 30 anos após o início da abertura democrática que sucedeu à ditadura militar no Brasil, 23 anos após o massacre do Carandiru, 22 anos após as chacinas da Candelária e de Vigário Geral, 20 anos após o massacre de Corumbiara, 19 anos após o massacre de Eldorado dos Carajás, 13 anos após a chacina de Urso Branco, 8 anos após o Massacre no Complexo do Alemão, 7 anos após a instalação da primeira Unidade de Polícia Pacificadora (UPP) do Rio de Janeiro, 3 anos após o massacre do Pinheirinho, 2 anos após as Jornadas de Junho, 6 meses após a publicação do relatório final da Comissão Nacional da Verdade, 1 mês após violenta repressão à greve de professores no Paraná e 14 meses antes da realização dos Jogos Olímpicos 2016, previstos para a cidade do Rio de Janeiro, este livro de intervenção foi composto em Adobe Garamond Pro, 11/13,3, e impresso em papel Avena 80 g/m² na gráfica Intergraf, para a Boitempo Editorial, com tiragem de 12 mil exemplares.